UNE ALLIANCE PLUS EXCELLENTE

Pascal Denault mérite des remerciements pour ses travaux de recherche dans lesquels sont décrites les nuances de la théologie de l'alliance du XVIIe siècle. Il a fait ressortir les plus importants facteurs permettant de comprendre les différences quant à la pensée et à la pratique entre les presbytériens et les baptistes calvinistes en décrivant des concepts théologiques dans des termes aisément accessibles. Il démontre qu'en énonçant leur théologie respective, ces deux groupes partageaient des points communs tout en mettant de l'avant des éléments considérablement divergents. Par exemple, il montre que l'idée populaire et simpliste voulant que les baptistes aient eu des scrupules à affirmer le concept de l'alliance des œuvres dans leur confession est tout à fait fausse. En fait, les baptistes étaient d'accord en tout point avec leurs frères pédobaptistes sur cette question. Par contre, ils étaient en désaccord avec la nature de la révélation et l'administration de l'alliance de grâce. Cette conception divergente fut à la base de leur ecclésiologie et de leur pratique du credobaptême. Il s'agit d'un ouvrage important qui mérite une large diffusion.

JAMES M. RENIHAN, PH. D.
Doyen, professeur de théologie historique à
Institute of Reformed Baptist Studies

Je me souviens de ma première rencontre avec Pascal Denault, en 2002. Il suivait mon cours d'apologétique à la Faculté de théologie évangélique de Montréal. Il m'est apparu comme un jeune homme très compétent. J'avais toutefois des sentiments partagés quant à son intérêt pour la théologie. Puis, en 2004, il a suivi le cours d'homilétique que j'enseignais. Je fus étonné de voir la transformation qui s'était produite en lui en un si court laps de temps. Il m'interrompait constamment pour me poser toutes sortes de questions. De toute évidence, son cœur était entièrement consacré aux choses du royaume de Dieu. En fait, ses interventions constantes ont permis de transformer mon cours d'homilétique en un cours de théologie pastorale.

C'est après un de ces cours, qu'un soir, il est venu me voir pour me demander d'être son mentor. Il m'a réellement pris par surprise, mais j'ai accepté avec joie. Ce fut le début d'une amitié des plus bénies, tant et si bien que j'en suis venu à le considérer comme un fils.

Puis, vint ce projet de maîtrise en théologie dont je fus directeur. Lorsque Pascal me présenta le sujet de sa thèse pour la première fois, je n'étais pas certain de comprendre dans quelle direction il voulait aller. Mais, à mesure que les mois passaient, j'étais de plus en plus enthousiaste devant les spécificités de son sujet et la façon dont il voulait le traiter.

Inutile de dire que le sujet était opportun, puisque la théologie des alliances connaît un réel regain d'intérêt dans le monde protestant évangélique. Quand je suis parvenu à une compréhension de cette doctrine il y a environ trois décennies, il m'a semblé que c'était le cadre d'interprétation le plus cohérent et le plus conséquent des Écritures. En fait, il ne s'agit pas d'un nouveau concept, puisque nous pouvons retrouver l'idée de l'alliance chez les pères de l'Église. C'est aussi l'approche que nos prédécesseurs développèrent à l'époque de la Réforme. Son importance vient aussi du fait qu'aucune doctrine n'est isolée des autres ; toutes les doctrines sont en quelque sorte liées entre elles. C'est pourquoi la théologie des alliances influence considérablement les doctrines de l'Église et celles du baptême.

Historiquement, les puritains croyaient en la théologie des alliances même si leur compréhension des alliances bibliques était quelque peu différente. Mais c'est précisément sur ce point que les credobaptistes et les pédobaptistes réformés sont en désaccord, d'où leurs divergences sur les doctrines de l'Église et du baptême.

Pour saisir les subtilités d'une doctrine, il est essentiel d'examiner son évolution, c'est-à-dire la façon dont les données bibliques ont été traitées ainsi que l'endroit où les moments décisifs ont eu lieu. C'est cette analyse qui constitue le contenu de la thèse de Pascal et qui nous est présentée dans cet ouvrage. On ne peut qu'être impressionné par la clarté de ses arguments, la sélection minutieuse et judicieuse de sa documentation et l'esprit irénique dans lequel il écrit. À mesure qu'il nous ramène à certains textes du XVIIe siècle, nous ne pouvons que nous demander comment ces ouvrages précieux et fiables ont pu tomber ainsi dans l'oubli.

Qu'on soit en accord ou en désaccord avec les arguments et la conclusion de Pascal, personne ne peut lire ce livre sans en admettre son sérieux ainsi que la justesse des faits qui y sont rapportés. C'est ce qui fait de ce livre un des plus remarquables ouvrages sur le sujet.

Pascal lui-même a déclaré que l'un de ses désirs, en écrivant ce livre, était d'insuffler une nouvelle vie dans les débats menés par les théologiens du XVIIe siècle. Après l'avoir lu, nous pouvons certainement dire : « Mission accomplie ! »

RAYMOND PERRON, PH. D
Église réformée baptiste de la Capitale
Ville de Québec, Canada

Les baptistes francophones, ceux d'Europe, en tout cas, et j'en suis un, ignorent souvent l'origine réformée du baptisme dont ils sont issus – la continuité généalogique est certaine. Le bel ouvrage du pasteur québécois sur la théologie de l'alliance, ou des alliances, que les docteurs du baptisme ancien ont approfondie en débattant avec les autres réformés, illustre cet enracinement avec éclat. Il fait aussi ressortir la compétence lumineuse dont ces docteurs faisaient preuve : les baptistes n'avaient pas encore désinvesti le champ théologique comme ils l'ont fait, hélas, au XIXe siècle !

P. Denault ne se montre pas indigne de ces remarquables prédécesseurs. Par une érudition soigneuse, il suit leurs traces : il tire d'un malheureux oubli des auteurs peu connus (j'ai beaucoup appris). Par l'acuité du regard, il affine encore leur perspicacité : j'ai particulièrement admiré le sens des articulations systémiques et des stratégies mises en œuvre. Ainsi, à la distinction pédobaptiste de la substance et de l'administration de l'alliance de grâce, fait pièce, chez les credobaptistes, celle de sa révélation dès Genèse 3, et tout au long de l'Ancien Testament, et de son établissement par Jésus-Christ. P. Denault sait aussi ménager une ouverture, peut-être pour de futures enquêtes. Il nous « titille » par une énigme non résolue : comment le fameux John Owen a-t-il pu, sur l'alliance, se poser si près des baptistes sans les rejoindre ?

Le débat se poursuit, irénique, comme il l'était au XVIIe siècle. Je ne vois guère de livre plus apte à l'éclairer aujourd'hui. Merci !

HENRI BLOCHER
Doyen honoraire de la Faculté libre de
théologie évangélique de Vaux-sur-Seine

La question de la relation entre l'ancienne et la nouvelle alliance n'est pas nouvelle. Elle est aussi vieille que le christianisme, mais elle est devenue un sujet épineux, surtout depuis l'époque puritaine. Cette période de l'histoire chrétienne a vu émerger les baptistes du milieu des puritains, et même si les baptistes avaient beaucoup en commun avec leurs prédécesseurs puritains, ils étaient en désaccord avec leurs pères et leurs frères dans la foi sur la façon dont la nouvelle alliance est liée à l'ancienne. Cette nouvelle recherche menée par Pascal Denault est des plus utiles, puisqu'elle fournit un résumé précis de la discussion historique entre les baptistes et leurs confrères puritains, puis elle indique comment cette discussion peut aujourd'hui nous venir en aide dans le traitement d'une question vitale.

MICHAEL A.G. HAYKIN, D. TH.
Professeur d'histoire de l'Église et de spiritualité biblique à Southern Baptist Theological Seminary

UNE ALLIANCE PLUS EXCELLENTE

La doctrine des alliances : fondement
distinctif du baptisme réformé

PASCAL DENAULT

230, rue Lupien, Trois-Rivières (Québec)
G8T 6W4 Canada

*Une alliance plus excellente : La doctrine des alliances ;
fondement distinctif du baptisme réformé*
© 2016 Publications Chrétiennes, Inc.
230, rue Lupien, Trois-Rivières (Québec)
G8T 6W4 – Canada
Site Web : www.publicationschretiennes.com
Tous droits réservés.

ISBN : 978-2-924743-04-1

Dépôt légal – 4ᵉ trimestre 2016
Bibliothèque et Archives nationales du Québec
Bibliothèque et Archives Canada

« Impact Académia » est une marque déposée de
Publications Chrétiennes, Inc.

À moins d'indications contraires, toutes les citations bibliques
sont tirées de la Bible Segond 1910.

TABLE DES MATIÈRES

AVANT-PROPOS ET REMERCIEMENTS 13
PRÉFACE DE L'ÉDITION FRANÇAISE 17
INTRODUCTION 21
  1. Hypothèse 21
  2. La méthode de travail et les sources originelles 24
      2.1. Les confessions de foi et les catéchismes 25
      2.2. Les théologiens pédobaptistes et baptistes 27
           2.2.1. Les pédobaptistes 28
           2.2.2. Les baptistes 31
      2.3. John « le baptiste » Owen 35
  3. La théologie des alliances depuis la Réforme 39

CHAPITRE 1 : L'ALLIANCE DES ŒUVRES 45
  1. Description et fonction de l'alliance des œuvres 45
  2. La relation entre l'alliance des œuvres
      et l'ancienne alliance 48

CHAPITRE 2 : L'ALLIANCE DE GRÂCE 53
  1. L'alliance de grâce au XVIIe siècle 53
      1.1. Le socinianisme et l'alliance de grâce 54
  2. L'alliance de grâce chez les pédobaptistes :
      une alliance sous deux administrations 57
      2.1. Une distinction fondamentale entre
           la substance et l'administration 58

2.2. Du modèle *une alliance sous deux administrations* au principe de descendance..........62
2.3. Une alliance sous deux administrations : un modèle généralisé.............................. 66
3. L'alliance de grâce chez les baptistes : une alliance révélée progressivement, puis conclue formellement.....72
   3.1. L'unité avant tout 72
   3.2. Le rejet du modèle presbytérien 75
   3.3. L'affirmation du modèle baptiste..........................78
      3.3.1. L'alliance de grâce révélée progressivement................................78
      3.3.2. L'alliance de grâce pleinement révélée dans la nouvelle alliance..........................80
      3.3.3. L'alliance de grâce et l'ancienne alliance....85
4. Résumé 91
5. Quelques comparaisons entre ces deux modèles............95
   5.1. Les comparaisons herméneutiques.......................95
   5.2. Les comparaisons théologiques........................... 99
      5.2.1. La façon d'entrer dans l'alliance de grâce... 99
      5.2.2. La portée et l'efficacité de la grâce dans l'alliance de grâce 104
      5.2.3. L'inconditionnalité de l'alliance de grâce.. 112
6. Conclusion 113

CHAPITRE 3 : L'ANCIENNE ALLIANCE 115
1. Que désigne l'expression « ancienne alliance » ?......... 115
   1.1. L'aspect cumulatif de l'ancienne alliance............. 115
   1.2. Une difficulté pour les pédobaptistes 117
      1.2.1. Solution 1 : l'alliance mosaïque était inconditionnelle................. 118
      1.2.2. Solution 2 : l'alliance mosaïque était distincte de l'alliance de grâce conclue avec Abraham 127
2. L'alliance abrahamique 130
   2.1. Le dualisme de l'alliance abrahamique 133

        2.1.1. Deux postérités et deux alliances
              en Abraham 135
        2.1.2. L'entrelacement des deux postérités
              sous l'ancienne alliance 141
3. L'alliance mosaïque 145
    3.1. Le but de l'ancienne alliance 146
    3.2. La nature de l'ancienne alliance 150
4. Conclusion et résumé 157

CHAPITRE 4 : LA NOUVELLE ALLIANCE 161
1. La nouveauté de la nouvelle alliance 161
    1.1. L'inconditionnalité de la nouvelle alliance 164
    1.2. La substance de la nouvelle alliance 169

CONCLUSION 175

BIBLIOGRAPHIE 177

AVANT-PROPOS ET REMERCIEMENTS

Les baptistes, dans la foulée des puritains séparatistes du XVIe et XVIIe siècle, en Angleterre, rejetèrent le presbytérianisme hérité directement de la Réforme genevoise sous l'enseignement de Jean Calvin. Pourtant, ces mêmes baptistes se disaient calvinistes. Qu'est-ce qui distinguait un calviniste presbytérien d'un calviniste baptiste ? Vous comprendrez que, pour quelqu'un qui a respectivement nommé ses deux fils Calvin et Baptiste, cette question est cruciale. La réponse courte à cette question est le baptême. La réponse longue est la théologie qui sous-tend le baptême : la théologie des alliances. Dans cet ouvrage, nous étudierons la réponse longue en comparant deux conceptions très différentes de la théologie des alliances au XVIIe siècle : la compréhension majoritaire des presbytériens, qui étaient des pédobaptistes, et la compréhension marginale des baptistes, qui refusaient le baptême d'enfants et pratiquaient le baptême de croyants.

La rédaction de cette dissertation n'aurait pas été possible sans le précieux soutien et l'aide de plusieurs personnes que je désire remercier. Tout d'abord, je tiens à remercier les bien-aimés frères et sœurs de l'Église évangélique de Saint-Jérôme, qui ont chèrement payé la théologie qui sera exposée dans ces pages... Dès 2007, je devais commencer ce travail de recherche pour compléter mon grade de maîtrise en théologie ; j'envisageais qu'il serait facile de le terminer rapidement. À l'hiver 2009, je n'avais encore rien fait, étant trop accaparé par mes autres obligations. C'est alors que mon Église décida de me libérer de mes fonctions pastorales pendant quatre mois afin que je puisse me consacrer entièrement à ce projet. Pendant des semaines, j'ai été en communion avec des théologiens du XVIIe siècle en lisant leurs écrits, et cette lecture nécessitait parfois une loupe lorsque seule l'édition originale existait. À la fin de ces quatre mois, même si je n'avais pas encore commencé à écrire, je savais ce que j'allais dire. Il m'a fallu un peu plus d'une autre année pour terminer. Durant tout ce temps, l'Église m'a inconditionnellement aidé de ses prières. Elle est souvent venue en aide à notre foyer, me permettant ainsi de travailler avec plus de quiétude. Aujourd'hui, en songeant à leur amour, je suis ému et sincèrement reconnaissant. Être uni à eux tous par la nouvelle alliance est une immense joie, et les servir est un honneur.

Je veux remercier Caroline, mon épouse, avec laquelle je découvre les promesses et les obligations d'une vie d'alliance. Le fait qu'elle ait persévéré avec moi dans ce travail m'a été d'un grand réconfort. Cette attitude représente une manifestation concrète de son amour pour moi, pour notre foyer et, par-dessus tout, pour Celui qui nous a aimés le premier.

Je remercie spécialement le docteur en théologie Raymond Perron, qui a été plus qu'un directeur de mémoire pour moi, mais un véritable pasteur. Je le remercie pour ses encouragements constants, lesquels ont été une véritable source de motivation pour continuer à avancer. Je le remercie également pour son intercession en ma faveur auprès des hommes et auprès de Dieu.

Je tiens à remercier le professeur James M. Renihan qui, en plus de son enseignement sur la théologie et l'histoire des baptistes, m'a beaucoup aidé pour écrire la bibliographie et trouver les ouvrages les plus essentiels à la rédaction de cette dissertation. Je le remercie pour sa promptitude à répondre à mes nombreux courriels et à mes nombreuses questions. Je remercie aussi le pasteur Richard C. Barcellos, qui m'a aidé à comprendre les écrits de John Owen et qui m'a fait plusieurs suggestions très utiles pour améliorer ce travail. De plus, je veux remercier d'autres professeurs qui m'ont aidé à comprendre la théologie des alliances et la théologie baptiste. Je pense à Fred A. Malone,

Samuel E. Waldron et Thomas J. Nettles. Je remercie également les professeurs Meine Veldman et Michael A.G. Haykin pour leurs commentaires, lesquels ont contribué à remodeler certaines parties de cette dissertation. J'en profite également pour remercier toute la Faculté de théologie évangélique de Montréal, où j'ai reçu ma formation en théologie. Je remercie particulièrement le doyen Amar Djaballah, un des hommes de Dieu qui a beaucoup influencé ma pensée.

Je remercie M. Steve Cyr, qui a promptement accepté de me remplacer comme aumônier à la prison, ainsi que tous ceux qui ont assuré la prédication de la Parole durant mon absence : M. Antoine Robillard, M. Réal Cyr et les pasteurs de l'Association d'Églises réformées baptistes du Québec. Je remercie M. François Comeault, qui m'a fait bénéficier de son accès informatique à des écrits essentiels du XVIIe siècle auxquels je n'aurais pas eu accès autrement. Je remercie vivement Linda Cyr et Denise Favre, qui ont fait la traduction de toutes les citations anglaises en vue de publier cet ouvrage en français.

Par-dessus toutes ces personnes, je remercie Celui – le seul – qui est digne de toute gloire, de tout honneur et de toute louange, notre Dieu, qui a donné son Fils unique pour être le médiateur éternel d'une alliance aussi certaine et permanente que sa propre vie, qui en est la garante. J'ai été ébloui et transformé en contemplant, sans voile, la gloire de l'alliance de sa grâce. Que toutes les louanges lui reviennent !

J'aimerais dédier la version française de cet ouvrage à mon ami et mentor bien-aimé Raymond Perron. Il est un pionnier de la foi réformée baptiste au Québec pour laquelle, j'espère, cet ouvrage contribuera à affermir l'assise. Parmi les grâces que notre Seigneur m'a accordées dans son service, peu ont été aussi précieuses que la présence de cet homme dans ma vie. Que le Dieu de toutes grâces enrichisse encore son peuple des bénédictions de l'alliance dans laquelle il nous a établis ministres.

PASCAL DENAULT
Saint-Jérôme, Québec
www.unherautdansle.net

PRÉFACE DE L'ÉDITION FRANÇAISE

Cet ouvrage a paru aux États-Unis en 2013 sous le nom *The Distinctiveness of Baptist Covenant Theology : A Comparison Between Seventeenth-Century Particular Baptist and Paedobaptist Federalism*. La version française de ce livre correspond à l'édition anglaise révisée et publiée en 2016. Cette préface a pour but d'expliquer brièvement les changements qui ont été apportés entre l'édition de 2013 et celle de 2016.

Il y a tout d'abord les changements mineurs, néanmoins importants, qui concernent la mise à jour de la bibliographie à laquelle furent ajoutés de nouveaux ouvrages qui ont paru sur le sujet des alliances depuis la première publication. Aussi, grâce aux remarques pertinentes du pasteur Samuel Renihan, j'ai corrigé quelques affirmations imprécises que j'avais faites concernant la compréhension des baptistes du XVIIe siècle, par exemple comme s'il n'y avait qu'un point de vue commun entre eux au sujet de l'alliance de grâce. Le livre n'a pas été revu au point d'y inclure ces différents points de vue, mais j'ai toutefois nuancé certaines affirmations de manière à reconnaître leur existence. Pour une présentation nuancée du fédéralisme des baptistes du XVIIe siècle, les lecteurs tireront certainement profit de la thèse doctorale du pasteur Renihan qui sera publiée, nous l'espérons, dans un futur proche.

J'ai grandement apprécié les échanges que j'ai eus avec des pasteurs et des frères de persuasion pédobaptiste qui ont interagi de façon utile avec les arguments que j'ai présentés. Cela m'a conduit à une compréhension plus précise de la distinction entre l'Église visible et l'Église invisible, et m'a amené à reformuler et à réécrire certaines sections du livre. Sans endosser pleinement le paradigme pédobaptiste d'une Église visible normativement mixte, j'en suis venu à une ecclésiologie plus robuste et, je crois, plus biblique en appliquant la persuasion baptiste à cette importante distinction. De plus, j'ai modifié certains commentaires à propos du pédobaptême jugés un peu trop rudes et inutilement controversés. J'espère encore offrir une critique de l'approche presbytérienne, mais dans le même esprit irénique avec lequel discutèrent nos pères dans la foi.

Finalement, ma compréhension a été aiguisée grâce à de nombreuses conversations théologiques au sein de la communauté réformée baptiste. Ces discussions m'ont forcé à préciser ma théologie des alliances d'une manière plus cohérente sur certains points particuliers. Dans ce processus, j'en suis venu à rejeter l'idée que l'alliance mosaïque offrait la vie éternelle en tant que republication absolue de l'alliance des œuvres avec Adam. Je suis maintenant persuadé que l'alliance mosaïque en elle-même était strictement limitée à la vie en Canaan et qu'elle n'était que typologiquement reliée aux réalités célestes offertes exclusivement par la nouvelle alliance. J'avais au préalable cautionné le point de vue de Samuel Petto, qui voyait l'alliance mosaïque à la fois comme une alliance terrestre conditionnelle pour Israël, en Canaan, et une alliance des œuvres absolue pour Christ par laquelle il devait obtenir la vie éternelle. Je crois toujours le premier aspect (Israël), mais je crois maintenant que le deuxième aspect (Christ) est uniquement vrai typologiquement. Autrement dit, Christ n'a pas accompli l'ancienne alliance, mais la nouvelle, qui lui fut présentée comme une alliance des œuvres entre lui et le Père (l'alliance éternelle de rédemption) ; les termes de cette alliance furent préfigurés, mais non proprement stipulés par l'ancienne alliance.

L'enjeu central de cette distinction, selon moi, est que, jadis, je mélangeais le type avec l'antitype, ou encore l'ombre avec la réalité, dans une même alliance, et ce, en attribuant la vie éternelle comme une promesse propre à l'alliance mosaïque. Je crois que cette approche théologique, qui mélange deux types de réalités et de promesses, est l'essence du pédobaptisme, lequel repose sur la distinction interne/externe dans laquelle sont mélangés royaume terrestre et royaume céleste, ancienne alliance et nouvelle alliance, etc. Le fédéralisme de la 1689, quant à lui, repose sur les distinctions fondamentales entre l'ancienne et la nouvelle, le type et l'antitype, l'ombre et la réalité, et, par conséquent, distinctions entre la republication typologique en Moïse et l'établissement de la nouvelle alliance de Christ : celles-ci sont typologiquement reliées, mais essentiellement distinctes.

Cette version française intitulée *Une alliance plus excellente* reflète cette compréhension, qui était absente de la première édition en anglais. De plus, je crois que ce point de vue était celui de Nehemiah Coxe et de John Owen, les deux théologiens principaux du fédéralisme qui sera défendu dans ces pages. Ce sont plusieurs frères impliqués dans d'importantes discussions théologiques qui m'ont conduit à cette clarification. Je veux cependant remercier d'une manière particulière M. Brandon Adams, qui m'a le plus influencé dans ma réflexion, et je veux saluer tout son travail pour la cause de l'Évangile par la défense du fédéralisme de la 1689. Les lecteurs trouveront beaucoup de ressources très utiles en visitant son site web : www.1689federalism.com.

PASCAL DENAULT
Saint-Jérôme, Québec
Mai 2016

INTRODUCTION

Il ne fait aucun doute que les baptistes et les pédobaptistes presbytériens du XVIIe siècle avaient une grande proximité théologique. La quasi-identité entre la Confession de foi de Westminster et la Deuxième confession de foi de Londres témoigne de ce fait indéniable. Dans ce travail, nous nous intéresserons, cependant, non pas à ce qui unissait les baptistes et les pédobaptistes[1], mais à ce qui les distinguait.

1. HYPOTHÈSE

La distinction la plus évidente entre les baptistes et les presbytériens est, bien entendu, le baptême. Cependant, le baptême n'est pas la distinction fondamentale entre ces deux groupes. Nous émettons l'hypothèse selon laquelle la théologie des alliances est la distinction fondamentale entre les baptistes et les pédobaptistes, et que l'ensemble des distinctions théologiques et pratiques entre eux, incluant le baptême, est issu de leur compréhension différente des alliances bibliques. Le baptême n'est donc pas le point de départ, mais le point

---

1. À moins d'indications contraires, nous utiliserons le mot « pédobaptiste » pour identifier les chrétiens de conviction presbytérienne du XVIIe siècle en Angleterre, puisque ce fut principalement avec eux que les baptistes débattirent des enjeux que nous développerons dans cette recherche. De même, nous emploierons le mot « baptiste » pour désigner spécifiquement les baptistes anglais du XVIIe siècle ; en particulier les baptistes calvinistes associés à la Confession de foi de 1689.

d'arrivée des démarcations entre les pédobaptistes et les credobaptistes. Ligon Duncan écrit : « Le débat fondamental entre la position baptiste et la position presbytérienne ou pédobaptiste concernant le baptême ne se situe pas dans la doctrine des sacrements. Il se situe dans la doctrine de l'Église[2]. »

Ce n'était donc pas le baptême en lui-même qui était litigieux, mais le baptême abordé sous l'angle de la doctrine de l'Église (celle-ci n'ayant d'autre cadre que la théologie des alliances). Avant de poser la question : « Qui peut être baptisé ? », il y avait une question plus fondamentale, à savoir « Qui est dans l'alliance ? » Il n'existe pas de considération plus fondamentale pour définir l'identité des baptistes que celle-là. Au point où, malgré la très grande proximité entre l'ecclésiologie congrégationaliste et baptiste, cette question constituait le point de rupture entre les deux groupes plutôt que leur point d'union. James Renihan écrit : « Cela ne veut pas dire que leurs points de vue s'excluaient mutuellement. Il serait plus approprié de dire que l'ecclésiologie fut le moteur derrière le mouvement baptiste. Il lui a donné une identité distincte de celle des indépendants[3]. »

Les baptistes n'abordaient donc pas la question du baptême isolément ; pour eux cette question était intrinsèquement liée à l'ensemble de leur théologie et à leur compréhension globale des Écritures. Ce n'était pas simplement à partir d'une analyse de la pratique du baptême dans le Nouveau Testament et du fait qu'on n'y retrouvait aucun exemple de baptême d'enfant que les baptistes rejetaient le pédobaptême. Ce type d'argument – principe régulateur, définition du baptême dans le Nouveau Testament, etc. – était d'ordre secondaire dans l'apologie des baptistes. Le débat entourant le baptême contenait un enjeu qui dépassait largement celui d'une pratique sacramentelle. Ce débat concernait la structure des Écritures ; le sens et la nature

---

2. Ligon Duncan, *Covenant Theology ; The Abrahamic Covenant – Covenant Sign Implications,* 12 two-hour lectures from the RTS Covenant Theology Course.
3. James M. Renihan, *Edification and Beauty : The Practical Ecclesiology of the English Particular Baptists, 1675-1705,* Eugene, Oreg., Wipf & Stock Publishers, 2009, p. 37. Évidemment, ils étaient encore plus distincts des presbytériens que des indépendants (c.-à-d. congrégationalistes).

des différentes alliances que Dieu fit avec l'homme ; la continuité et la discontinuité dans la révélation et dans la réalisation du plan de Dieu ; la nature même de l'Évangile et de l'Église était au cœur de l'enjeu de ce débat[4]. Les baptistes ne contestèrent pas simplement une pratique qui leur apparaissait erronée, mais ils s'en prirent à un système théologique global qui sous-tendait cette pratique et ils défièrent les fondements mêmes du fédéralisme[5] presbytérien. Les baptistes ne cherchèrent donc pas à définir premièrement la doctrine du baptême pour y ajuster la doctrine de l'Église. Leur doctrine du baptême était l'aboutissement d'une approche théologique similaire à bien des égards, mais nettement différente de celle de la majorité pédobaptiste de leur temps. L'enjeu qui les préoccupait n'était pas simplement de savoir qui peut être baptisé afin d'avoir une pratique biblique du baptême. L'enjeu qui fit d'eux des baptistes était de savoir qui appartient au peuple de Dieu. Cette question soulevait une foule d'autres questions qui enfantèrent une théologie des alliances différente de celle héritée de la Réforme. De toute évidence, baptistes et pédobaptistes n'avaient pas la même conviction concernant l'Église et en particulier de ceux qui la composent. Lorsqu'ensemble ils débattirent cette question et ses corollaires, le baptême devint la manifestation concrète de leur conviction respective. D'après David Benedict, le débat entourant le baptême, à partir du milieu du XVIIe siècle, amena une approche innovatrice de la théologie fédérale[6]. La réflexion théologique à cette époque était en

---

4. Plus tard, Charles Spurgeon écrivit : « La doctrine de l'alliance est à la base de toute véritable théologie. Il a été dit que celui qui comprend bien la distinction entre l'alliance des œuvres et l'alliance de la grâce est un maître en théologie. Je suis persuadé que la plupart des erreurs que les hommes commettent concernant les doctrines de l'Écriture sont basées sur des erreurs fondamentales en ce qui concerne les alliances de la loi et de la grâce » (C. H. Spurgeon, « Sermon XL, The Covenant », *The Sermons of Rev. C. H. Spurgeon of London*, 9e série, New York, Robert Carter & Brothers, 1883, p. 172).
5. La théologie fédérale (*fœdus* = alliance) et la théologie des alliances sont des expressions synonymes.
6. David Benedict, *A General History of the Baptist Denomination in America and Other Parts of the World*, New York, Lewis Colby and Company, 1850, p. 146. La théologie des alliances débuta avant le XVIIe siècle, mais le dialogue entre les presbytériens et les baptistes fit grandement progresser la

effervescence et avait pour cadre la théologie fédérale. Les baptistes sont nés dans ce contexte de progrès théologique ; leur surgissement est lui-même une ramification de la pensée réformée. En l'espace de quelques décennies, les baptistes articulèrent une théologie leur étant propre. L'objectif de notre travail sera de mettre en lumière les particularités de cette théologie, en particulier leur compréhension distincte des alliances bibliques.

2. LA MÉTHODE DE TRAVAIL ET LES SOURCES ORIGINELLES

Une des difficultés de notre travail vient du fait qu'il n'y avait pas une version consensuelle de la théologie des alliances parmi les pédobaptistes[7] ni parmi les baptistes. Lorsque nous tenterons de définir l'approche pédobaptiste, nous ne pourrons présenter une définition qui engloberait tous les tenants. De même, du côté baptiste, nous retrouverons quelques accents discordants[8]. Nous tenterons, autant que faire se peut, de circonscrire les principes théologiques généraux propres aux deux partis, qui seront comparés. Notre méthode

---

théologie fédérale. La théologie pédobaptiste des alliances s'est développée progressivement depuis le début de la Réforme jusqu'à son expression mature dans le contexte de l'Assemblée de Westminster (voir Mark W. Karlberg, *Covenant Theology in Reformed Perspective*, Eugene Oreg., Wipf and Stock Publishers, 2000, p. 17-38). Mais le fédéralisme de Westminster fut aussitôt mis à l'épreuve par l'arrivée en scène des baptistes. Les pédobaptistes furent forcés de peaufiner leurs arguments ; ce qui donna même lieu à de nouvelles positions chez les pédobaptistes.

7. Dans « Works in the Mosaic Covenant : A Reformed Taxonomy », *The Law Is Not Of Faith : Essays on Works and Grace in the Mosaic Covenant*, Phillipsburg, P&R, 2009, p. 76-103, Brenton C. Ferry débute son chapitre par une citation d'Anthony Burgess, un théologien pédobaptiste du XVIIe siècle, à propos de la théologie des alliances : « Je ne connais aucun autre point de la théologie où même les érudits sont confus et perplexes [...] comme ils le sont ici. » Son exposé nous convainc rapidement qu'il n'y avait pas d'uniformité parmi les tenants du fédéralisme réformé. Malgré les nombreuses nuances qu'on retrouvait chez les théologiens pédobaptistes de cette époque concernant la théologie des alliances, nous croyons qu'il y avait certains dénominateurs communs que nous tenterons de faire ressortir dans ce présent travail.
8. D'ailleurs, eux-mêmes l'admettent dans l'appendice de la Confession de 1689.

consistera à définir la différence fondamentale entre les presbytériens et les baptistes du XVIIe siècle à partir de leur dialogue qui fut préservé au moyen de leurs écrits. Nous emploierons directement les sources originelles composées de confessions de foi et de divers traités rédigés par des théologiens pédobaptistes et baptistes[9]. Bien que notre travail se situe dans le domaine de la théologie historique, nous l'aborderons sous l'angle de la théologie biblique et systématique. Nous ne suivrons donc pas de manière linéaire le développement de la pensée baptiste ; nous présenterons plutôt cette pensée en suivant l'ordre biblique des alliances. Cette méthode nous permettra de systématiser davantage la théologie baptiste pour la comparer à la théologie pédobaptiste.

2.1. Les confessions de foi et les catéchismes

Deux documents sont parmi les plus pertinents pour notre recherche : la Confession de foi de Westminster et la Deuxième confession de foi baptiste de Londres, dite de 1689. Ces documents sont importants, puisqu'ils représentent l'opinion non pas d'un théologien isolé, mais les positions officielles adoptées respectivement par les pédobaptistes et les baptistes. La Confession de 1689 est, en fait, une version baptiste de la Confession de Westminster. Il est donc essentiel de voir comment les baptistes ont modifié cette

---

9. Le champ d'étude de ce travail étant la théologie des alliances au XVIIe siècle en Angleterre, nous ne pourrons apprécier de manière satisfaisante le débat actuel entre baptistes et pédobaptistes réformés. Néanmoins, nous espérons montrer çà et là la continuité historique entre le débat du XVIIe siècle et celui d'aujourd'hui en faisant ressortir les grands principes théologiques qui ont traversé l'histoire et en faisant intervenir occasionnellement les auteurs anciens et modernes entre eux. Concernant la continuité historique de l'approche réformée, nous recommandons l'ouvrage de Richard C. Barcellos, *The Family Tree of Reformed Biblical Theology : Geerhardus Vos and John Owen, Their Methods of and Contributions to the Articulation of Redemptive History*, Owensboro, Reformed Baptist Academic Press, 2010, p. 324. Barcellos démontre l'étroite continuité entre la théologie des alliances du XVIIe et la théologie biblique du XXe siècle.

confession de foi : ce qu'ils ont conservé, ce qu'ils ont omis, reformulé ou ajouté[10].

La Première confession de foi de Londres (1644-1646) s'avère également une importante source. Bien qu'elle ne présente pas substantiellement une théologie des alliances, elle permet de constater que les baptistes adhéraient, dès leur origine, à l'approche réformée pour comprendre les Écritures et le salut dans un cadre « alliranciel[11] ». De plus, comme nous le verrons, les baptistes avaient déjà, en 1644, une compréhension particulière de l'alliance de grâce et de la nouvelle alliance.

Aux confessions de foi, il faut ajouter les catéchismes : le Petit et le Grand catéchisme de Westminster ainsi que le Catéchisme baptiste[12]. Un autre catéchisme est très important dans l'étude de la théologie des baptistes du XVIIe siècle : le Catéchisme orthodoxe, rédigé par Hercules Collins, pasteur de l'Église baptiste Old Gravel Lane, publié en 1680. Le pasteur Collins suivit le Catéchisme de

---

10. Avant d'être modifiée par les baptistes, la Confession de Westminster a été modifiée par les congrégationalistes dans la Déclaration de Savoie (1658). La plupart des modifications de la Déclaration de Savoie ont été adoptées par les baptistes. En quelques occasions, cependant, ils préférèrent la formulation de la Confession de Westminster à la Déclaration de Savoie. En ce qui a trait à la théologie des alliances, étonnement, la Déclaration de Savoie est demeurée assez conforme à la Westminster. Il semble que les congrégationalistes, du moins dans cette déclaration, traitaient leur ecclésiologie en vase clos, puisqu'ils maintenaient la même théologie des alliances que les presbytériens tout en rejetant leur ecclésiologie. C'est pourquoi nous ne comparerons pas la Confession de 1689 à la Déclaration de Savoie, mais à la Confession de Westminster. Pour une comparaison tabulaire des trois confessions avec la mise en évidence de leurs différences, visitez le www.proginosko.com/docs/wcf_sdfo_lbcf.html.
11. La Première confession de Londres présente la rédemption en des termes qui renvoient directement à la théologie du *pactum salutis* et de l'*historia salutis* de la scolastique réformée (voir en particulier les paragraphes XI et XII).
12. Plusieurs sources secondaires commentent et interprètent les confessions et les catéchismes susmentionnés. Deux commentaires sur ces documents peuvent cependant être considérés comme étant des sources originelles : le commentaire de David Dickson sur la Confession de foi de Westminster, publié en 1684, *Truth's Victory Over Error*, et le commentaire de Benjamin Beddome sur le Catéchisme baptiste, publié en 1776, *A Scriptural Exposition of the Baptist Catechism*.

Heidelberg dans la rédaction du sien ; les particularités du sien sont donc très significatives. James Renihan écrit à ce propos :

> Ce pasteur « particular-baptist » reconnaissait que la théologie énoncée par les théologiens d'Heidelberg était en harmonie avec la sienne et avec celle de l'ensemble du mouvement dont il faisait partie. Le choix du titre de Collins « Catéchisme orthodoxe » mérite une attention, car il présente un double sens. Bien qu'il se réfère évidemment à la nature véritable de la doctrine qu'il promeut, il identifie en même temps la source de ces doctrines ; c'est-à-dire les théologiens protestants orthodoxes d'Europe. Collins faisait donc une déclaration catégorique : ils sont orthodoxes, comme nous le sommes[13].

2.2. Les théologiens pédobaptistes et baptistes

Voici quelques sources incontournables pour entrer dans le débat de la théologie des alliances au XVIIe siècle. Cette liste n'est pas exhaustive, mais représentative ; elle ne comprend pas tous les documents que nous avons consultés et encore moins tous ceux qui existent. Elle se limite à ceux qui nous furent les plus utiles. Nous présenterons successivement les sources pédobaptistes suivies des sources baptistes en allant des plus anciennes aux plus récentes.

---

13. James M. Renihan, *True Confessions : Baptist Documents in the Reformed Family*, Owensboro, Reformed Baptist Academic Press, 2004, p. 235. Il est évident que les baptistes étaient soucieux de s'identifier à l'héritage de la Réforme ; ce qui explique la grande proximité de leurs documents officiels avec ceux des autres réformés. Ce désir d'unité ne les a pas empêchés d'affirmer leurs convictions distinctes à l'intérieur de ces mêmes documents. Cependant, ils l'ont toujours fait avec irénisme. Dans l'appendice de la Deuxième confession de Londres, les baptistes affirment avoir publié leur confession dans le but de démontrer leur unité avec les autres chrétiens protestants. Ils ajoutent : « Et bien que nous nous distinguions de nos frères pédobaptistes au sujet du baptême et de son administration, comme à d'autres aspects liés au respect de cette ordonnance [...], nous ne voudrions pas être mal compris au point où la teneur de nos propos offenserait ou détériorerait de quelque façon notre affection et nos conversations avec quiconque craint l'Éternel. »

2.2.1. Les pédobaptistes

William Ames (1576-1633) se réfugia aux Pays-Bas en 1610 en raison du climat hostile aux puritains en Angleterre. Il fut membre du synode de Dordrecht, qui condamna l'arminianisme, puis recteur de l'Université de Franekeradeel. Sous son tutorat se retrouvèrent deux étudiants qui devinrent d'importants théologiens pour le développement du fédéralisme réformé : Johannes Cocceius et Gisbertus Voetius. Le fédéralisme d'Ames s'inscrit en continuité avec le développement de la théologie pédobaptiste dont on retrouve les principaux accents dans son ouvrage *Medulla theologiae* (mieux connu sous le nom *The Marrow of Theology*, 1629). Ce livre fut le vecteur principal pour répandre l'influence d'Ames, en particulier en Nouvelle-Angleterre[14]. Ses écrits circulèrent aussi en Angleterre, en particulier parmi les puritains. Vers la fin de sa vie, Ames fut pasteur d'une Église de réfugiés, qu'il a voulu entièrement composée de croyants régénérés. Il n'est donc pas étonnant que les congrégationalistes et les baptistes se soient inspirés largement de sa théologie[15].

John Ball (1585-1640) était un puritain presbytérien dont la théologie correspond grandement à celle de l'Assemblée de Westminster. Il est décédé un peu avant la tenue de cette importante assemblée, mais, son œuvre, *A Treatise of the Covenant of Grace*, publiée en 1645, lui permit d'y exercer une certaine influence. La théologie des alliances présentée par Ball représente le fédéralisme presbytérien typique auquel les baptistes se sont attaqués. Ball était parfois cité comme une autorité en matière de fédéralisme réformé par les autres auteurs presbytériens. Disponible en fac-similé de l'édition originale, cette source est incontournable, en particulier du fait que

---

14. *The Marrow of Theology* était le manuel de base à Harvard au temps des colonies et fut longtemps considéré comme étant le meilleur résumé de la théologie calviniste (voir Joel Beeke et Randall Pederson, *Meet the Puritans*, Grand Rapids, Reformation Heritage Books, 2006, p. 47 et s.).
15. Thomas Goodwin, un congrégationaliste, estimait que *The Marrow of Theology* était, après les Écritures saintes, le meilleur livre au monde ; *ibid.*, p. 45. Les baptistes utilisèrent même cet ouvrage comme source pour rédiger la Première confession de foi de Londres en 1644-1646 (voir James M. Renihan, *True Confessions : Baptist Documents in the Reformed Family*, p. 3 et s).

Ball critiquait l'ecclésiologie séparatiste avec laquelle les baptistes ont beaucoup en commun.

Peter Bulkeley (1583-1659) était un théologien puritain qui fut recteur de la paroisse d'Odell, dans le Bedfordshire[16]. Il prit le parti des non-conformistes avant la Première révolution anglaise et s'exila en Nouvelle-Angleterre pour jouir d'une plus grande liberté. Il rédigea un traité dédié à la théologie des alliances qui fut publié à Londres, en 1646, *The Gospel Covenant ; or The Covenant of Grace Opened*.

Thomas Blake (1597-1657) était aussi un puritain de convictions presbytériennes. Les traités de Blake sur la théologie des alliances sont importants, puisqu'ils entrent en dialogue avec les opposants au baptême d'enfants, en particulier avec John Tombes[17]. Nous n'avons pu consulter tous les traités de Blake, mais celui-ci fut grandement utile à notre recherche : *Vindiciae Foederis ; or A Treatise of the Covenant of God Entered With Man-Kinde, In the Several Kindes and Degrees of it*, publié en 1653, à Londres.

Herman Witsius (1636-1708), bien qu'il fût un théologien continental, eut une influence déterminante sur la théologie fédérale en Angleterre. Son fédéralisme est en quelque sorte la charnière entre le fédéralisme des théologiens continentaux incluant Zwingli, Bullinger, Calvin, Ursinus, Olevianus et Cocceius, et celui des réformés d'Angleterre[18]. Son œuvre magistrale publiée en quatre tomes, *The Economy of the Covenants Between God and Man* (1677), est

---

16. *Alumni Cantabrigienses*, Cambridge University Press, disponible en ligne à http://venn.lib.cam.ac.uk/acad/search.html.
17. John Tombes s'opposa par écrit et lors de débats publics à la théologie derrière le pédobaptême. Tombes n'était pas un baptiste, mais plutôt un anti-pédobaptiste. Deux chapitres rédigés par Michael Renihan lui sont consacrés dans l'ouvrage édité par Richard C. Barcellos, *Recovering A Covenantal Heritage : Essays in Baptist Covenant Theology*, Palmdale CA, Reformed Baptist Academic Press, 2014, 527 p. Il s'agit du chapitre 5 intitulé *The Antipaedobaptism of John Tombes* et du chapitre 6 intitulé *The Abrahamic Covenant in the Thought of John Tombes*.
18. James Packer, dans l'introduction de la réédition de *The Economy of the Covenants Between God and Man*, présente l'œuvre de Witsius comme étant la synthèse de la théologie des alliances réformée de son époque. Comme nous le verrons, la proximité entre la théologie de Witsius et celle s'apparentant aux travaux de l'Assemblée de Westminster est indéniable.

considérée par plusieurs comme étant l'expression définitive de l'orthodoxie réformée pédobaptiste.

Samuel Petto (1624-1711) est l'homme inconnu de la théologie anglaise[19]. Petto fut pourtant l'un des meilleurs défenseurs du pédobaptême à partir de la théologie des alliances et fut un important interlocuteur des baptistes durant la deuxième moitié du XVIIe siècle[20]. Son œuvre la plus importante est *The Great Mystery of the Covenant of Grace*, qui fut republiée en 2007. Cet ouvrage est particulièrement important pour le sujet qui nous intéresse, puisqu'il prend en compte les faiblesses reprochées par les baptistes à la théologie fédérale presbytérienne et tente d'y répondre. Un autre de ses traités est une réponse directe à un écrit baptiste *Infant-Baptism Vindicated from the Exceptions of M. Thomas Grantham*, publié en 1691. Une troisième publication de Petto intitulée *Infant Baptism of Christ's Appointment* aborde le pédobaptême sous l'angle de la théologie des alliances[21].

François Turretin (1623-1687) n'était bien sûr pas un théologien anglais. Il est cependant intéressant de constater la correspondance entre l'académie de Genève et la théologie de Westminster durant le XVIIe siècle. Turretin exerça une influence sur les puritains ; son *Institutio Theologiae Elencticae* a immédiatement représenté

---

19. C'est ainsi que Mark Jones présente Petto, en comparaison à John Owen, l'homme oublié de la théologie anglaise. *The Great Mystery of the Covenant of Grace*, Stoke-on-Trent, Tentmaker Publications, 2007, p. 9. John Owen écrivit la préface de ce traité et recommanda chaleureusement sa lecture.
20. *Ibid.*, p. 10. À certains égards, la théologie de Petto est en conformité avec celle des baptistes par opposition à la position presbytérienne traditionnelle. Par exemple, Petto rejetait le modèle *une alliance deux administrations* comme explication de l'alliance de grâce et de son rapport à l'ancienne alliance et à la nouvelle. Avec les baptistes, il considérait que l'ancienne et la nouvelle alliance n'étaient pas deux administrations d'une même alliance, mais deux alliances distinctes. Petto fait partie des pédobaptistes qui réajustèrent leur fédéralisme en adoptant une position médiane ; nous croyons que l'argumentaire baptiste y fut pour quelque chose.
21. Pour une analyse succincte et efficace de la théologie de Petto, et en particulier de ses vues distinctes de l'alliance mosaïque comme republication de l'alliance des œuvres (voir Michael Brown, *Christ and the Condition : The Covenant Theology of Samuel Petto (1624-1711)*, Grand Rapids, Reformation Heritage Books, 2012, 139 p).

le standard théologique de la pensée réformée. La théologie des alliances de Turretin y est présentée au douzième sujet intitulé « The Covenant of Grace and Its Twofold Economy in the Old and New Testaments[22] ». Seulement le titre de cette section de son ouvrage permet de constater que le modèle presbytérien de l'alliance de grâce – une alliance sous deux administrations – était généralisé.

2.2.2. Les baptistes

John Spilsbury (1593-1668) appartient à la première génération des baptistes calvinistes et est le premier pasteur de la première Église baptiste calviniste fondée en 1638[23]. Il est l'un des signataires de la Première confession de foi de Londres de 1644 et de sa version révisée deux ans plus tard[24]. Un an avant la parution de cette confession de foi, Spilsbury publia un traité sur le baptême intitulé *A Treatise Concerning the Lawfull Subject of Baptisme*. Il y présente une compréhension de la théologie des alliances radicalement différente de celle de ses contemporains pédobaptistes. Il est très significatif que l'un des plus anciens traités des baptistes particuliers[25], défendant le credobaptême, le fasse à partir de la théologie des alliances. Cela démontre que l'identité baptiste comportait, dès son origine, un fédéralisme distinct et que le baptême de croyants fut la résultante d'une compréhension différente des alliances bibliques.

---

22. François Turretin, *Institutes of Elenctic Theology*, Phillipsburg, P&R, 1992, volume 2, p. 169.
23. Le baptême de croyants par aspersion ne fut pas remplacé par celui de l'immersion avant 1640, cependant.
24. Les deux titres exacts sont respectivement *The Confession of Faith, of those Churches which are commonly (though falsly) called Anabaptists*, Londres, 1644 ; *A Confession of Faith, of the Severall Congregations or Churches of Christ in London, which are commonly (though unjustly) called Anabaptists*, 2ᵉ impression corrigée et augmentée, Londres, imprimé par Matthew Simmons, 1646.
25. À notre connaissance, deux baptistes calvinistes ont défendu le credobaptême par écrit avant Spilsbury : Robert Barrow (1642) et Andrew Ritor (1642). Spilsbury semble néanmoins être le premier à l'avoir fait en employant extensivement la théologie des alliances.

Henry Lawrence (1600-1664) était un puritain et un homme d'État associé de près à Oliver Cromwell. D'après le résumé biographique dans l'encyclopédie britannique *Dictionary of National Biography*, Lawrence fut consacré à des fonctions politiques et non ecclésiastiques[26]. Nous ignorons si Lawrence a grossi officiellement les rangs des baptistes, mais le traité qu'il publia de manière anonyme, intitulé *Of Baptism* (1646), ne laisse aucun doute quant à sa théologie. Lawrence critiqua vivement la théologie pédobaptiste et défendit un fédéralisme cohérent avec le credobaptême.

Thomas Patient (?-1666) fut l'assistant pastoral de William Kiffin, à Londres. Il était au cœur de l'effervescente croissance des baptistes durant les années 1640 et 1650[27] ; il fut l'un des signataires de la Première confession de foi de Londres. Envoyé comme missionnaire en Irlande par le gouvernement de Cromwell, Patient y établit la première communauté de conviction baptiste Waterford Baptist Church[28]. Pendant son séjour en Irlande, il écrivit un traité *The Doctrine of Baptism, And the Distinction of the Covenants* (1654). Patient y dénonce sans ambages la théologie pédobaptiste comme étant une mauvaise compréhension des alliances bibliques et s'en prend particulièrement au paradigme presbytérien : *une alliance de grâce sous deux administrations.*

John Bunyan (1628-1688) est certainement l'un, sinon le puritain le plus connu. Il est souvent considéré comme appartenant à la tradition baptiste, quoique l'Église où il était pasteur ne fût pas proprement baptiste. Il est cependant vrai que la théologie de Bunyan s'apparentait à celle des baptistes et des congrégationalistes, et que Bunyan fut reçu dans l'Église baptiste de Bedford par immersion. Les travaux de Bunyan sont très considérables et ils sont principalement

---
26. Gordon Goodwin, « Lawrence, Henry », *Dictionary of National Biography*, Londres, Smith, Elder et Co., 1892, vol. 32, p. 256-258.
27. Les historiens estiment que le mouvement baptiste calviniste débuta officiellement vers 1638, et que, vers la fin des années 1650, il existait autour de 130 Églises baptistes calvinistes dans les îles Britanniques. Le contexte particulier de la Première révolution anglaise explique cette croissance fulgurante.
28. Voir Crawford Gribben, *The early Irish Baptists*, Escondido, The Institute of Reformed Baptist Studies, March 17 2008, également disponible en ligne à http://www.reformedbaptistinstitute.org/?p=60.

sous la forme de sermons. Bunyan écrivit également un traité sur la théologie des alliances que nous retrouvons dans la collection de ses œuvres publiée en trois volumes chez The Banner of Truth Trust intitulé *The Doctrine of the Law and Grace Unfolded*.

Edward Hutchinson fut un baptiste calviniste qui défendit le credobaptême en s'opposant au fédéralisme presbytérien. Nous ignorons pratiquement tout de sa vie sinon qu'il fut pasteur d'une congrégation baptiste en Irlande[29]. En 1676, il publia un traité intitulé *A Treatise Concerning the Covenant and Baptism30*, dans lequel il aborde directement la relation entre l'alliance et le baptême. Dans le même traité, il ajouta deux appendices « Some Short Questions and Answers for the Younger Sort », ainsi qu'une réponse à un traité pédobaptiste intitulé « Animadversions Upon a Late Book, Intituled, Infant Baptism From Heaven and not of Men, In Answer to Mr. Henry Danvers his Treatise of Baptism ».

Nehemiah Coxe *(?-1688)* est, à notre humble avis, le théologien baptiste le plus important en ce qui a trait à la théologie des alliances. Il était le fils de Benjamin Coxe, un des signataires de la Première confession de foi de Londres[31]. Son traité intitulé *A Discourse of the Covenants that God made with men before the Law* (1681)[32] expose les différences fondamentales entre les presbytériens et les baptistes à partir de leur compréhension respective de l'alliance abrahamique. Coxe résume ainsi la distinction baptiste : « L'ancienne et la nouvelle alliance diffèrent non seulement dans leur administration, mais aussi par leur substance[33] ». Le reste de son ouvrage est consacré

---

29. Joseph Ivimey, *A History of the English Baptists*, Londres, imprimé par Burditt et Morris, 1811, p. 404.
30. Thomas Delaune, le gendre de Hutchinson, écrivit une préface dans ce livre ; *idem*.
31. Voir James M. Renihan, « An Excellent and Judicious Divine : Nehemiah Coxe », *Covenant Theology : From Adam to Christ*, Palmdale, Reformed Baptist Academic Press, 2005, p. 7-11.
32. La maison d'édition Reformed Baptist Academic Press a publié une édition moderne de ce livre, en 2005, jumelée à l'exposition de John Owen du chapitre 8, versets 6-13 de l'Épître aux Hébreux.
33. Nehemiah Coxe, « A Discourse of the Covenants that God made with men before the Law », *Covenant Theology : From Adam to Christ*, Palmdale, Reformed Baptist Academic Press, 2005 (1681), p. 30.

à démontrer que l'ancienne et la nouvelle alliance ne sont pas deux administrations d'une même alliance, mais deux alliances distinctes.

Le fédéralisme de Coxe est d'autant plus important du fait que ce dernier fut le principal artisan de la Deuxième confession de foi de Londres adoptée officiellement par les Églises baptistes d'Angleterre en 1689[34]. À la lumière du traité de Coxe sur la théologie des alliances, la formulation distincte du chapitre 7 de la Deuxième confession de Londres devient particulièrement significative. À cause de la pertinence du traité de Coxe pour interpréter la confession de foi baptiste, le fédéralisme de ce dernier peut pratiquement être considéré comme étant le standard des baptistes calvinistes.

Thomas Grantham (?-1692) était le théologien le plus important chez les baptistes généraux. Il entra en dialogue avec Samuel Petto et critiqua de manière très cohérente le fédéralisme presbytérien. Nous n'avons eu accès qu'au traité que Grantham écrivit vers la fin de sa vie intitulé *Truth and Peace or the Last and most Friendly Debate Concerning Infant Baptism* (1689). Bien qu'il fût arminien, son fédéralisme a été, à bien des égards, conforme à celui des baptistes calvinistes ; il a même employé le traité de Coxe pour appuyer son argumentation[35].

Benjamin Keach (1640-1704) est sans doute le principal théologien baptiste calviniste de la deuxième moitié du XVIIe siècle. Il fut un auteur très prolifique, mais il n'apporta pas de nouveaux développements à la doctrine des alliances. Les deux traités de Keach qui touchent directement ce sujet (*The Everlasting Covenant* [1693] ; *The Display of Glorious Grace : Or, The Covenant of Peace Opened. In Fourteen Sermons* [1698]) ne se concentrent pas spécifiquement sur la controverse entourant le baptême. Néanmoins, les distinctions baptistes fondamentales y sont présentes.

---

34. James M. Renihan, *An Excellent and Judicious Divine : Nehemiah Coxe*, p. 18-20. Voir aussi Michael Haykin, *Rediscovering our English Baptist Heritage, Kiffin, Knollys ans Keach*, Leeds, Reformation Today Trust, 1996, p. 68-69.
35. Thomas Grantham, *Truth and Peace or the Last and most Friendly Debate Concerning Infant Baptism*, Londres, imprimé pour l'auteur, 1689, p. 6.

2.3. John « le baptiste » Owen

Un lecteur attentif notera que notre liste de 15 théologiens ayant contribué au débat sur la théologie des alliances au XVIIe siècle est incomplète[36]. Il manque le nom d'un des théologiens anglais les plus importants de tous les temps : John Owen (1616-1683). Owen nécessite une mention particulière, puisque son fédéralisme s'apparente à celui des baptistes, bien qu'il soit demeuré pédobaptiste toute sa vie[37]. Il est donc nécessaire de justifier le fait que nous emploierons un théologien pédobaptiste pour défendre une théologie baptiste.

Notons premièrement que la position d'Owen sur l'ancienne alliance était médiane[38]. Richard Barcellos explique en quoi : « Contrairement à d'autres, Owen ne croyait pas que l'ancienne alliance était une alliance des œuvres en soi ni simplement une administration de l'alliance de grâce[39]. » Selon toute vraisemblance, les

---

36. Une source importante a échappé à nos recherches lors de la rédaction de ce mémoire : un débat par écrit entre Philip Cary, un baptiste, et John Flavel, un pédobaptiste. Mark Jones présente ce débat dans un chapitre intitulé « The Puritans and Paedobaptism », dans l'ouvrage *A Puritan Theology : Doctrine for Life*, Grand Rapids, Michigan, Reformation Heritage Books, 2012, p. 725-741. Dans ce chapitre, Jones ne donne pas une juste présentation de la théologie des baptistes du XVIIe siècle. Samuel Renihan a publié une réplique au chapitre de Mark Jones : « Dolphins in the Woods : A Critique of Mark Jones and Ted Van Raalte's Presentation of Particular Baptist Covenant Theology », *Journal of the Institute of Reformed Baptist Studies*, 2015, p. 63-89.
37. Owen fut d'abord de conviction presbytérienne, puis, après avoir lu *The Keys of the Kingdom of Heaven* de John Cotton, il devint congrégationaliste, ce qui explique la grande proximité de sa théologie avec celle des baptistes (voir John Owen, « A Review of the True Nature of Schism », *The Works of John Owen*, vol. 13, Carlisle, The Banner of Truth Trust, 1967 (1657), p. 223-224).
38. Les pédobaptistes sont souvent classés en deux catégories concernant l'alliance mosaïque : les uns y voient une administration de l'alliance de grâce et les autres une republication de l'alliance des œuvres. Owen offre une troisième voie. Voir les ouvrages suivants : Thomas E. Hicks Jr., « John Owen on the Mosaic Covenant », dans *Recovering A Covenantal Heritage*, p. 175-192. Sinclair Ferguson, *John Owen on the Christian Life,* Carlisle, The Banner of Truth Trust, 1987, p. 28.
39. Richard Barcellos, « John Owen and New Covenant Theology », *Covenant Theology : From Adam to Christ*, Palmdale, Reformed Baptist Academic Press, 2005, p. 321.

baptistes endossaient également cette position médiane que nous verrons ultérieurement. Owen rejetait aussi le modèle d'*une alliance de grâce sous deux administrations* tel qu'on le retrouve dans la Confession de foi de Westminster. Si les autres pédobaptistes voyaient l'ancienne alliance comme étant différente en circonstance[40], mais identique en substance avec la nouvelle alliance, Owen, lui, considérait que l'ancienne alliance était différente de la nouvelle alliance à la fois en circonstance et en substance.

Une autre raison qui nous permet de croire que les baptistes partageaient le fédéralisme de John Owen, c'est leurs propres écrits. Par exemple, Edward Hutchinson, après avoir exposé sa compréhension de l'alliance abrahamique et son rapport avec l'alliance de grâce, reprend extensivement les écrits d'Owen pour prouver qu'il dit la même chose que le très réputé docteur au sujet des alliances. Puis, il déclare à ses interlocuteurs pédobaptistes :

> Si nos adversaires pensent que nous faisons tort au Dr Owen (comme ils sont capables de le crier haut et fort), prétextant que nous tournons ses propos à notre avantage, puisqu'il est pédobaptiste, nous répondons qu'ils sont libres de concilier son discours avec sa pratique, s'ils le peuvent. Pour accomplir une telle prouesse, ils devront faire preuve d'ingéniosité et d'artifices (ce dont ils ne manquent pas). Le D^r aborde la nature de l'alliance et des promesses faites à Abraham (en laissant peut-être de côté le baptême des enfants), il développe ce sujet avec une telle spiritualité et orthodoxie, qu'il ne laisse aucune place au baptême d'enfants. De fait, il l'exclut sans appel[41].

---

40. Le mot « circonstance » est souvent employé comme synonyme du mot « administration » : l'ancienne alliance est une circonstance (administration) de l'alliance de grâce, la nouvelle alliance en est une autre. Parfois, on retrouve aussi le mot « accident » pour désigner les dispositions externes d'une alliance. Nous emploierons les mots « administration » et « circonstance » comme des équivalents.
41. Edward Hutchinson, *A Treatise Concerning the Covenant and Baptism*, Londres, imprimé pour Francis Smith, 1676, p. 34-35. Ailleurs, Hutchinson fait à nouveau appel à Owen : « *[La théologie des alliances]* est en effet le grand système dans lequel le baptême des enfants a été soutenu ces dernières années; il est ainsi défendu de façon ingénieuse, mais si nous pouvons en dénoncer les grandes lignes, il s'effondrera. Nul besoin de déployer plus

Les baptistes pensaient donc que la théologie d'Owen était parfaitement en harmonie avec la leur et considéraient comme une inconséquence que le prince des puritains maintienne le pédobaptême[42]. Ils considéraient même qu'Owen, sans s'en rendre compte, anéantissait le fédéralisme presbytérien dans ses écrits et ils mettaient l'*onus probandi* sur les pédobaptistes : à eux d'expliquer la théologie d'Owen avec sa pratique du baptême. Par exemple, Owen écrit :

> C'est là que se situe la grande erreur des Juifs d'autrefois, dans laquelle leurs descendants les ont suivis jusqu'à ce jour. Ils pensaient qu'il n'était plus nécessaire de s'attacher à l'alliance contractée avec Abraham, puisqu'ils étaient sa descendance selon la chair. Ils avançaient constamment ce dernier privilège comme étant le fondement et la cause du premier. Il est vrai qu'ils étaient les enfants d'Abraham selon la chair, mais ce statut ne leur conférait aucun autre privilège que ceux dont jouissait Abraham selon la chair, à savoir, comme nous l'avons vu, qu'il avait été mis à part comme un canal par lequel Dieu allait susciter la descendance promise au monde. C'est ainsi qu'ils furent mis à part en tant que peuple, comme sa postérité, de laquelle elle s'élèverait.

---

d'effort contre lui que ce que nous indique le Dr Owen [...] Il réfute clairement la notion de privilège par naissance. Le simple fait de citer le Dr Owen contre M. Whiston est une réfutation suffisante » (voir « Animadversions Upon a Late Book, Intituled, Infant Baptism From Heaven and not of Men, In Answer to Mr. Henry Danvers his Treatise of Baptism », p. 41).

42. Lors de notre lecture des écrits d'Owen, nous avons noté une progression dans sa pensée. Dans « Of Infant Baptism and Dipping », *The Works of John Owen*, vol. 16, Owen déclare que les enfants des croyants sont dans l'alliance de grâce. Cette conception contredit ce qu'il écrit ailleurs, en particulier dans son commentaire sur l'Épître aux Hébreux, où il affirme que tous ceux qui sont dans l'alliance de grâce sont régénérés. À notre humble avis, cette contradiction s'explique par une progression dans la pensée d'Owen (il écrivit ce traité alors qu'il était encore presbytérien, sa théologie changea lorsqu'il devint congrégationaliste). Nous croyons que son commentaire sur l'Épître aux Hébreux représente sa pensée mature et définitive. Il ne faut donc pas chercher à harmoniser Owen avec lui-même, mais simplement reconnaître la progression de sa pensée.

Le fait que cette séparation et ces privilèges devaient disparaître lorsque le projet serait accompli avec la venue du Messie semble naturel. En effet, pourquoi maintenir une chose alors que le but pour laquelle elle a été désignée est accompli ? Mais ils maintiennent ce privilège et le joignent au premier, prétendant que, puisqu'ils sont les descendants d'Abraham selon la chair, la bénédiction et l'alliance prononcées en faveur d'Abraham leur appartiennent. Pourtant, notre Sauveur a prouvé que, dans ce sens, ils ne sont pas les enfants d'Abraham, car ils ne font pas les œuvres d'Abraham. C'est pourquoi l'apôtre démontre clairement (Ro 4.9-11 ; Ga 3 – 4) que ceux d'entre eux qui n'avaient pas la foi d'Abraham n'avaient aucune part à la bénédiction ni à l'alliance. Voyant donc que leur premier privilège, avec toutes les ordonnances charnelles qui y étaient attachées, prenait fin avec la venue du Messie (à laquelle ils étaient utiles), s'ils ne parvenaient pas à obtenir les bénédictions spirituelles par la foi dans le Fils promis, il est évident qu'ils ne pouvaient pas être considérés comme des participants actuels à l'alliance de Dieu[43].

On dirait effectivement qu'en écrivant ces lignes et en réfléchissant à la doctrine de l'alliance, Owen ne pensait pas du tout au pédobaptême.

Une autre évidence de l'harmonie entre le fédéralisme d'Owen et celui des baptistes vient de l'épître introductive de Nehemiah Coxe dans son livre sur les alliances. Coxe explique à ses lecteurs pourquoi il a arrêté son exposition des alliances bibliques à l'alliance abrahamique sans poursuivre avec l'alliance sinaïtique. Il écrit :

> En conséquence, je prévoyais fournir une étude supplémentaire sur ce sujet, dans un exposé sur l'alliance faite avec Israël dans le désert et le statut de l'Église sous la loi. Mais après avoir réuni quelque matériel dans ce but, j'ai réalisé fort heureusement que je pouvais être dispensé de ce travail de clarification et d'argumentation grâce à la publication du troisième volume du Dr Owen sur l'Épître aux Hébreux. Ce sujet est largement discuté ainsi que les objections qui pourraient être soulevées,

---

43. John Owen, *Hebrews*, vol. 1, Carlisle, The Banner of Truth Trust, 1991, p. 122-123.

particulièrement dans le chapitre 8. Je renvoie donc mon lecteur à cet ouvrage, sachant qu'il trouvera un exposé satisfaisant, à la hauteur de ce qu'on peut attendre d'un auteur si érudit[44].

Nous ignorons si Owen endossait le fédéralisme de Coxe, mais, de toute évidence, Coxe, un baptiste, endossait le fédéralisme d'Owen. Comme nous le verrons, le commentaire d'Owen sur le chapitre 8 d'Hébreux ne laisse aucun doute quant à la parité de son fédéralisme avec celui des credobaptistes de sorte qu'il est amplement justifié que l'on publie le traité de Coxe et le commentaire d'Owen dans un même volume sur la théologie des alliances[45].

Avant de comparer en détail les approches baptiste et pédobaptiste, faisons un bref survol de l'origine de la théologie des alliances réformée chez Zwingli, Bullinger et Calvin.

3. LA THÉOLOGIE DES ALLIANCES DEPUIS LA RÉFORME

La théologie des alliances est une étude des différentes alliances que Dieu fit avec l'homme depuis le commencement du monde. Le rapport entre Dieu et sa créature, tel que révélé dans l'Écriture sainte, a toujours été déterminé par des alliances ayant des buts distincts et des modalités différentes. Puisque l'histoire biblique se déroule entièrement à l'intérieur de ces alliances, il est impératif de comprendre leur nature et leur fonction pour interpréter correctement l'Écriture. Ainsi, la théologie des alliances est un cadre qui permet de comprendre la structure globale du plan de rédemption en distinguant entre les parties et le tout, et en expliquant comment les parties s'insèrent dans le tout.

Cette approche des Écritures est une des caractéristiques fondamentales de la théologie réformée[46]. C'est en redécouvrant la

---

44. Nehemiah Coxe, *A Discourse of the Covenants that God made with men before the Law*, p. 30.
45. Comme l'a fait la maison d'édition Reformed Baptist Academic Press. Voir *Covenant Theology: From Adam to Christ*, Palmdale, CA, RBAP, 2005, 376 p.
46. Mark W. Karlberg, *Covenant Theology in Reformed Perspective*, p. 17.

justification par imputation que Zwingli, grâce au parallèle entre Adam et Christ dans Romains 5, redécouvrit également l'alliance adamique[47]. Puis vint la controverse avec les anabaptistes qui força Zwingli à formuler sa doctrine en des termes qui déterminèrent définitivement le fédéralisme pédobaptiste. L'insistance des anabaptistes sur l'exclusivité du Nouveau Testament pour établir la doctrine de l'Église conduisit Zwingli à défendre l'unité entre les deux testaments. Pour Zwingli, et pour les théologiens réformés après lui, la substance de cette unité était l'alliance de grâce. Ainsi, la lecture réformée des Écritures consiste d'abord en une première alliance en Adam, appelée l'alliance des œuvres. Puis, immédiatement après la chute, Dieu conclut une deuxième alliance appelée l'alliance de grâce. L'alliance de grâce fut placée sous une première administration qu'on retrouve dans l'Ancien Testament. Cette administration était élémentaire et temporaire. Puis vint une deuxième administration de l'alliance de grâce, qu'on retrouve dans le Nouveau Testament. Cette deuxième administration est parfaite et définitive.

L'Église réformée envisageait donc l'ancienne alliance comme une alliance de grâce. Cette conception eut un impact majeur et définitif sur l'ecclésiologie réformée, car, en considérant que l'Église était sous la même alliance que les descendants d'Abraham, les Écritures de l'Ancien Testament devinrent normatives pour définir la doctrine de l'Église et son rapport avec l'alliance de grâce. Nous retrouvons cet accent prédominant sur l'unité entre les testaments chez pratiquement tous les successeurs de Zwingli.

Même si Bullinger, dans son traité *De Testamento seu Foedere Dei Unico et Aeterno*, considérait que l'ancienne alliance réaffirmait dans sa loi le principe de l'alliance des œuvres, il endossait l'idée qu'elle était essentiellement une administration de l'alliance de grâce[48]. Comme les autres théologiens pédobaptistes après lui, Bullinger faisait une distinction entre la substance et l'administration d'une alliance. La substance de l'ancienne alliance était

---

47. *Ibid.*, p. 20.
48. Voir *Ibid.*, p. 21-22.

l'alliance de grâce ; son administration était la dispensation de l'Ancien Testament. Aucun théologien n'eut plus d'influence que Calvin sur la pensée réformée ; son fédéralisme est donc important. Bien sûr, la doctrine de l'alliance sous-tend l'ensemble de la pensée de Calvin, cependant, les chapitres IX, X, XI du livre II de son *Institution de la religion chrétienne* traitent spécifiquement de ce sujet[49]. On retrouve chez Calvin les principales caractéristiques du fédéralisme pédobaptiste. Comme ses prédécesseurs et ses successeurs, il envisage l'ancienne et la nouvelle alliance comme étant deux administrations de l'alliance de grâce : « L'alliance conclue avec les patriarches présente un contenu et une vérité si semblables à ceux de la nôtre que l'on peut dire que c'est la même ; elle en diffère dans sa dispensation[50]. » Il croit à la mixité de l'alliance de grâce : « Dans cette Église se trouvent, mêlés aux autres membres, des hypocrites qui n'ont rien de Jésus-Christ, sauf le nom et l'apparence[51] ». Et il justifie le baptême des enfants de croyants sur la base de leur appartenance à l'alliance de grâce[52].

Néanmoins, Calvin ne rejette pas l'apparente discontinuité entre l'ancienne et la nouvelle alliance. Il va jusqu'à écrire dans son commentaire sur l'Épître aux Hébreux : « Le prophète aurait

---

49. Ces chapitres sont respectivement intitulés (IX) *Les Juifs ont connu Christ sous la loi, mais il ne leur a été pleinement révélé que par l'Évangile* ; (X) *La ressemblance entre l'Ancien et le Nouveau Testament* ; (XI) *La différence entre les deux testaments*.
50. *Institution*, II, X, 2. La formulation *une alliance deux administrations* n'est cependant pas aussi nette ni aussi fréquente chez Calvin que chez les théologiens réformés plus tardifs. Il semble que c'est en particulier avec Zacharie Ursinus que cette notion s'est radicalisée. Mark Karlberg écrit : « Ursinus offre ici une contribution essentielle dans le développement de l'interprétation biblique de l'alliance. En ce qui concerne la définition de l'alliance, Ursinus insiste sur l'importance de reconnaître l'unité substantielle de l'alliance de la grâce, mais tente également de rendre davantage justice aux diverses administrations de l'alliance divine » (*Covenant Theology in Reformed Perspective*, p. 26). Ursinus développa ces notions en continuité avec la pensée de ses prédécesseurs en les amenant plus loin et en les développant plus clairement.
51. *Institution*, IV, I, 7.
52. *Ibid.*, IV, XVI, 5-6.

pu dire simplement, "Je renouvellerai l'alliance qui, par votre faute, fut rendue vaine", mais, à la place, il déclare expressément qu'il s'agira d'une alliance différente de la première[53]. » Calvin affirme donc que la nouvelle alliance n'était pas simplement un renouvellement de l'ancienne alliance, mais une alliance nouvelle, c'est-à-dire différente. Cependant, ses autres écrits suggèrent qu'il envisageait les différences entre les deux alliances comme étant de nature circonstancielle et non substantielle.

En plus d'accentuer la discontinuité entre les alliances dans ses écrits, Calvin fait une autre distinction en commentant le chapitre 3 de la seconde épître de Paul aux Corinthiens. Calvin indique que l'alliance de grâce n'appartenait pas en propre à la substance de l'ancienne alliance :

> L'accord entre Jérémie et Paul porte sur leur manière d'opposer l'Ancien Testament au Nouveau, ne considérant en la loi que ce qui lui est particulier. Exemple : la loi contient, çà et là, des promesses de miséricorde de la part de Dieu, mais, comme elles proviennent d'ailleurs *[de l'alliance de grâce]*, elles ne sont pas prises en compte quand il est question de la nature de la loi[54].

Il reste à savoir si Calvin comprenait le mot loi, dans ce passage de l'Écriture, comme se référant à l'ancienne alliance. Si tel est le cas, Calvin fait donc une distinction qui sera essentielle à la théologie des baptistes, à savoir que l'alliance de grâce n'appartient pas à la substance de l'ancienne alliance, bien qu'elle fût révélée sous cette dernière. Malheureusement, Calvin ne développe pas davantage ce point qui aurait exigé de reconsidérer la nature de l'ancienne alliance. Il est fréquent de retrouver ces tensions dans la théologie de Calvin où ce qu'il affirme semble s'opposer à ce qu'il disait ailleurs[55]. Le calvinisme est une harmonisation de doc-

---
53. Jean Calvin, *Commentaries on the Epistle to the Hebrews*, Grand Rapids, Baker, 1999 (1549), p. 188.
54. Jean Calvin, *Institution*, II, XI, 7.
55. Concernant cette tension entre l'alliance de grâce et l'alliance des œuvres dans l'alliance mosaïque chez Calvin, voir J. V. Fesko, « Calvin and Witsius on the Mosaic Covenant », *The Law Is Not Of Faith*, p. 28-33.

trines se complétant mutuellement. Les successeurs de Zwingli, Bullinger et Calvin, réaffirmèrent, avec plus de clarté et de précision, ce qu'eux-mêmes avaient déjà établi[56].

---

56. Voir Mark Karlberg, *Covenant Theology in Reformed Perspective*, p. 25-30.

L'ALLIANCE DES ŒUVRES

1. DESCRIPTION ET FONCTION DE L'ALLIANCE DES ŒUVRES

Avant de se demander ce qu'est l'alliance des œuvres, il faut se demander si une telle alliance existe. Certains théologiens réformés rejettent le concept de l'alliance des œuvres tel qu'il s'est développé à partir de la fin du XVIe siècle[1]. Les tenants de l'alliance des œuvres étaient conscients que l'expression « l'alliance des œuvres » ne se retrouve nulle part dans l'Écriture. N'étant pas expressément affirmée dans l'Écriture, l'alliance des œuvres y serait nécessairement contenue. On tentait de prouver l'existence de cette alliance à partir du parallèle néotestamentaire entre Adam et Christ. Par exemple, Anthony Burgess démontrait que, sans une alliance des œuvres,

---

1. Le concept plus élaboré de l'alliance des œuvres fut développé vers la fin du XVIe siècle ; à l'époque on utilisait l'expression *foedus naturae*, éventuellement l'expression « alliance des œuvres » s'est généralisée (voir Willem J. van Asselt, *The Federal Theology of Johannes Cocceius [1603-1669]*, Boston, Brill, 2001, p. 325). Certains théologiens réformés d'hier et d'aujourd'hui n'endossent pas pleinement l'élaboration tardive de l'alliance des œuvres. Nous renvoyons nos lecteurs au travail de Jean-Léon Longa J'Ekolonga qui fit de cette question le sujet d'un mémoire : *L'accomplissement des promesses protoévangéliques de l'alliance adamique dans l'œuvre messianico-eschatologique de Jésus-Christ*, Faculté de théologie évangélique de Montréal, 2010, 131 p.

l'imputation du péché d'Adam à sa postérité n'aurait aucun sens[2]. Les puritains considéraient que la présence d'une promesse et d'une menace contenue dans le commandement de Genèse 2.16,17 était une indication qu'il s'agissait d'une alliance, et non d'une simple loi[3]. Le fonctionnement de l'alliance des œuvres était simple : si Adam avait obéi, lui et sa postérité après lui auraient atteint la vie éternelle en étant scellés dans l'incorruptibilité et l'immortalité (1 Co 15.53) ; mais sa désobéissance fut l'entrée de la mort dans le monde comme l'alliance le stipulait (Ge 2.17). La chute plaça Adam et toute sa postérité sous la condamnation. L'alliance des œuvres était conditionnelle et ne prévoyait aucun moyen pour expier la faute en cas de désobéissance. Dans la théologie réformée, l'alliance des œuvres est vue comme le fondement de la justice « rétributive » de Dieu, où l'obéissance mérite la bénédiction et la désobéissance la malédiction. C'est l'alliance des œuvres qui fonde le principe « fais cela et tu vivras » (Lé 18.5 ; Ga 3.12) ainsi que le principe « le salaire du péché, c'est la mort » (Ro 6.23 ; Hé 10.28). Sous l'alliance des œuvres, la vie éternelle ne peut être donnée gratuitement, elle doit être méritée[4]. Mais maintenant, en raison du péché, l'alliance des œuvres est inefficace pour procurer la vie, elle ne peut que donner la mort (Ga 3.21 ; Ro 8.3).

Les réformés considéraient que l'alliance des œuvres était restée en vigueur après la chute[5], mais ils étaient conscients que les dis-

---

2. Anthony Burgess, *Vindicie Legis : or , A Vindication of the Morall Law and the Covenants*, Londres, 1643 p. 106.
3. *Ibid.*, p. 120.
4. Peter Bulkeley fait une remarque très pertinente concernant la révélation de l'alliance des œuvres par opposition à la révélation de l'alliance de grâce : « L'alliance des œuvres est révélée à la lumière de la nature, mais l'alliance de la grâce est révélée par une lumière surnaturelle venue d'en haut. La lumière de la nature enseigne aux hommes à rechercher la vie et la justice par les œuvres. Ceci est écrit dans le cœur de tout homme » (voir Ro 2.15). *The Gospel Covenant ; or The Covenant of Grace Opened*, Londres, imprimé par M. S., pour Benjamin Allen, 1646, p. 98. Bulkeley poursuit en expliquant qu'il est naturel aux hommes de chercher la justification par les œuvres, la grâce étant contraire à la raison naturelle.
5. Arminius rejetait l'idée que l'alliance des œuvres demeurait en vigueur après la chute, car, selon lui, Dieu ne peut exiger quelque chose que l'homme est

positions à l'intérieur de cette alliance avaient changé après l'entrée du péché dans le monde. Avant la chute, l'homme jouissait d'une relation avec son Créateur où, en vertu de l'alliance des œuvres, Dieu était son Dieu. Tout en demeurant sous l'obligation d'obéir à Dieu en raison de cette alliance, l'homme postlapsaire perdit ses privilèges « allianciels » qui lui assuraient la faveur de Dieu, et il se retrouva désormais sous sa colère. Bien que Dieu soit demeuré Dieu pour tous les hommes même après la chute, le péché fit en sorte qu'il n'était plus leur Dieu dans un rapport favorable d'alliance. John Owen résume ainsi la conception puritaine de l'alliance des œuvres après la chute : « L'homme demeura dans un devoir de dépendance envers Dieu et de soumission à sa volonté en toutes choses [...] Mais cette relation privilégiée d'intérêt mutuel en vertu de la première alliance cessa[6]. »

Les écrits des baptistes démontrent que ceux-ci partageaient la même conception de l'alliance des œuvres que leurs contemporains pédobaptistes. Il est cependant très singulier de noter que la Confession de 1689 a retiré presque toutes les mentions de l'alliance des œuvres qu'on retrouve dans les Confessions de Westminster et de Savoie[7]. La seule fois où l'alliance des œuvres est directement mentionnée dans la Confession de 1689, c'est au chapitre 20,

---

    incapable de faire ; exiger une obéissance parfaite à une créature déchue aurait été injuste (voir Herman Witsius, *The Economy of the Covenants Between God and Man*, Kingsburg, Californie, Den Dulk Christian Foundation, 1990, vol. 1, p. 151 et s.). Les calvinistes ne considéraient pas comme injuste d'exiger une obéissance parfaite à une créature incapable d'une telle obéissance, puisque cette exigence lui fut donnée alors qu'elle était encore capable. L'homme changea, mais les standards divins de justice demeurèrent les mêmes. L'alliance des œuvres permettait aux calvinistes de dire que Dieu aurait pu condamner unilatéralement tous les hommes en demeurant juste, quoiqu'aucun d'eux n'aurait pu obéir.
6. John Owen, « An Exposition of Hebrews 8.6-13 : Wherein, the nature and differences between the Old and New Covenants is discovered », *Covenant Theology : From Adam to Christ*, Palmdale, Reformed Baptist Academic Press, 2005, p. 281.
7. Voici les paragraphes de la Confession de 1689 où la mention de l'alliance des œuvres a été retirée : 6.1 ; 7.2 ; 19.1 ; ceux où il est question de l'alliance des œuvres sans qu'elle ne soit nommée : 4.3 ; 7.2 ; 19.1, 2 ; et ceux où l'on retrouve l'expression « alliance des œuvres » : 19.6 (deux fois) ; 20.1.

paragraphe 1[8]. Il ne fait aucun doute que la Confession de foi baptiste endosse la doctrine de l'alliance des œuvres, mais elle est présentée différemment. De plus, certaines formulations qu'on retrouve dans ces confessions de foi sœurs ont été rejetées pour éviter un langage équivoque[9]. Ce sont donc des raisons terminologiques et non théologiques qui expliquent la façon dont les baptistes ont traité l'alliance des œuvres dans leur confession de foi.

Si le fédéralisme presbytérien et baptiste s'accorde sur l'origine, la nature et la fonction de l'alliance des œuvres, on note cependant une divergence de vues concernant la relation entre cette alliance et l'ancienne alliance.

2. LA RELATION ENTRE L'ALLIANCE DES ŒUVRES ET L'ANCIENNE ALLIANCE

Le Nouveau Testament présente un contraste, voire une antithèse, entre la loi et la grâce (Ro 6.14 ; Ga 2.21 ; 3.18 ; 5.4). À quoi réfère le mot « loi » dans ces passages ? Étant donné que les pédobaptistes voyaient l'ancienne alliance comme une administration de l'alliance de grâce en harmonie avec la nouvelle alliance, l'opposition entre loi et grâce ne signifiait pas, pour eux, une opposition entre l'ancienne et la nouvelle alliance, mais plutôt une opposition entre l'alliance des œuvres et l'alliance de grâce. Ainsi, la loi à laquelle l'apôtre Paul se réfère lorsqu'il l'oppose à l'Évangile serait l'alliance

---

8. L'expression « l'alliance des œuvres » revient deux fois dans 19.6, cependant elle ne désigne pas l'alliance des œuvres conclue avec Adam, mais plutôt le concept d'une telle alliance.
9. Pour une discussion plus complète de cette question, voir l'excellent article de Samuel Renihan où il démontre que les baptistes ont préféré définir l'alliance des œuvres plutôt que de la nommer simplement dans leur confession de foi : http://pettyfrance.wordpress.com/2013/06/25/the-covenant-of-works-in-the-1677-london-baptist-confession-2/. Voir aussi Samuel Waldron, *A Modern Exposition of the 1689 Baptist Confession of Faith*, Webster, Evangelical Press, 1989, p. 94-96. Dans son cours, *Baptist Symbolics*, James Renihan explique que le point d'attention au chapitre 7 de la Confession de foi baptiste n'est pas proprement sur la théologie des alliances, mais plutôt sur le salut des élus. Ce chapitre fut édité de manière à ce qu'il n'y ait pas de l'emphase que sur le plan du salut.

des œuvres. Cette compréhension n'affecte en rien la définition de l'alliance des œuvres, mais détermine la définition de l'ancienne alliance et son rapport avec la nouvelle alliance. La plupart des théologiens pédobaptistes du XVIIe siècle comprenaient que « ne pas être sous la loi, mais sous la grâce » (Ro 6.14) signifiait simplement ne pas être sous l'alliance des œuvres, mais sous l'alliance de grâce. Par exemple, Herman Witsius explique qu'être « sous la malédiction de la loi » (Ga 3.10) ne signifie pas être sous l'ancienne alliance, mais sous l'alliance des œuvres : « Mais de nombreux arguments montrent que ce qui est compris par la malédiction n'est autre que la malédiction de l'alliance des œuvres[10] ». Lorsque le Nouveau Testament oppose clairement l'ancienne alliance à la nouvelle alliance (2 Co 3), Witsius indique qu'il s'agit d'un contraste de degré à l'intérieur de la même alliance de grâce, et non d'un contraste entre une alliance des œuvres et une alliance de grâce.

> Je réponds : ici, l'apôtre n'oppose pas l'alliance de grâce telle qu'elle est dispensée après la venue de Christ à la même alliance de grâce telle qu'elle était dispensée auparavant. Il oppose plutôt l'alliance de grâce, pleinement efficace dans le Nouveau Testament, à l'alliance nationale conclue avec les Israélites au mont Sinaï ; une alliance spirituelle opposée à une alliance typologique[11].

Witsius n'était pas le seul à relativiser le contraste entre ancienne et nouvelle alliance pour absolutiser le contraste entre alliance des œuvres et alliance de grâce. D'après Johannes Cocceius[12] et Robert Rollock[13], la loi sous laquelle Christ est né, la loi qu'il a accomplie, était strictement l'alliance des œuvres. Thomas Boston, de son côté, emploie le dualisme des deux Adams qu'on retrouve dans 1 Corinthiens 15 : le premier, Adam lui-même, et le second, Christ. Boston applique cette terminologie aux alliances : la première alliance, l'alliance des œuvres, et la seconde alliance,

---

10. Herman Witsius, *The Economy of the Covenants*, vol. 2, p. 359.
11. *Ibid.*, p. 336.
12. Willem J. van Asselt, *The Federal Theology of Johannes Cocceius*, p. 253.
13. Robert Rollock, *A Treatise of our Effectual Calling*, Harvard College Library, 1828 (1597), p. 52.

l'alliance de grâce[14]. La terminologie de Boston correspond à celle des Confessions de Westminster et de Savoie, qui appellent l'alliance des œuvres « la première alliance », et l'alliance de grâce « une deuxième alliance[15] ». La compréhension des pédobaptistes ne considérait pas l'ancienne et la nouvelle alliance comme étant antithétiques, mais isolait une antithèse uniquement entre l'alliance des œuvres et l'alliance de grâce. John Ball représente exactement cette compréhension lorsqu'il écrit : « Certains considèrent l'Ancien et le Nouveau Testament comme l'alliance des œuvres et l'alliance de grâce, opposées dans leur substance et leur nature, et non seulement dans leur développement ; cette distinction n'est pas fondée[16] ».

Les baptistes acceptaient sans problème que le mot « loi », employé comme antithèse du mot grâce, puisse renvoyer à l'alliance des œuvres. Le paragraphe 2 du chapitre 7 de la 1689 déclare : « Bien plus, puisque l'homme s'est placé sous la malédiction de la loi par sa chute [...] ». Les baptistes refusaient cependant de nier le rapport de continuité entre l'alliance des œuvres et l'ancienne alliance. Pour eux, l'antithèse loi/grâce reflétait l'antithèse ancienne/nouvelle alliance. Cette compréhension distincte est évidente dans cette citation de Benjamin Keach :

> Bien qu'il soit évident que, par la suite, Dieu renouvela plus clairement et plus formellement cette loi des œuvres avec le peuple d'Israël [...] elle ne fut pas donnée dans cette administration comme menant à la vie, comme ce fut le cas auparavant, avec Adam ; Saint Paul la désignait fréquemment comme ancienne

---

14. Thomas Boston, *A View of the Covenant of Grace From the Sacred Records*, Glasgow, imprimé par Robert et Thomas Duncan, 1770 (1742), p. 26 et s.
15. Voir le chapitre 7, paragraphes 2 et 3 de ces confessions. Cette terminologie est d'autant plus ambiguë que le Nouveau Testament fait une comparaison entre une première et une seconde alliance, non pas pour désigner l'alliance des œuvres et l'alliance de grâce, mais pour comparer l'ancienne et la nouvelle alliance (voir Hé 8 – 9).
16. John Ball, *A Treatise of the Covenant of Grace*, Dingwall, Peter and Rachel Reynolds, 2006 (1645), p. 93.

alliance et alliance des œuvres, et elle exigeait de tous ceux qui dépendaient d'elle une obéissance parfaite[17].

Keach et les autres baptistes croyaient que l'alliance des œuvres était réaffirmée dans l'ancienne alliance, mais à d'autres fins que lorsqu'elle fut initialement donnée à Adam. Les termes de l'alliance des œuvres (Lé 18.5) furent répétés, mais non dans le but d'offrir à nouveau la vie éternelle, mais afin de rappeler aux Israélites les termes de la première alliance des œuvres. Certains baptistes ont cependant précisé que la vie et les bénédictions en Canaan étaient les termes propres de l'ancienne alliance offerts conditionnellement en fonction des œuvres d'obéissance. Contrairement aux presbytériens, les baptistes comprenaient le contraste néotestamentaire loi/grâce comme un contraste entre l'ancienne et la nouvelle alliance utilisé par l'apôtre Paul pour démontrer le contraste entre l'alliance des œuvres et l'alliance de grâce. Pour les pédobaptistes, l'expression « la malédiction de la loi » renvoyait directement à l'alliance des œuvres, tandis que pour les baptistes elle renvoyait aussi à l'alliance des œuvres, mais comme étant réaffirmée dans l'ancienne alliance. Dans le seul but de maintenir l'unité et la continuité entre l'ancienne et la nouvelle alliance[18], les pédobaptistes devaient donc rejeter l'unité et la continuité entre l'alliance des œuvres et l'ancienne alliance. Concernant l'alliance des œuvres, la différence entre les tenants de la Westminster et ceux de la 1689 se trouvait dans leur vision de la relation entre l'alliance des œuvres et l'ancienne alliance et, implicitement, du rapport de celle-ci avec la nouvelle alliance. Nous développerons davantage ce point lorsque nous traiterons spécifiquement de la nature de l'ancienne alliance.

---

17. Benjamin Keach, *The Display of Glorious Grace : Or, The Covenant of Peace Opened. In Fourteen Sermons*, Londres, imprimé par S. Bridge, 1698, p. 15.
18. Nous tenons pour acquis que nos lecteurs comprennent en quoi l'unité entre l'Ancien Testament et le Nouveau Testament est fondamentale au pédobaptisme.

L'ALLIANCE DE GRÂCE

Dans ce chapitre, nous commencerons par expliquer la notion d'alliance de grâce au XVIIe siècle pour ensuite présenter deux compréhensions différentes de cette même alliance. L'alliance de grâce constituait la base du fédéralisme ; cette base commune fut également le point de rupture entre la théologie presbytérienne et la théologie baptiste. Ces deux groupes avaient une compréhension différente des alliances abrahamique, mosaïque et de la nouvelle alliance parce qu'ils comprenaient différemment l'alliance de grâce. Nous examinerons premièrement leur point de départ respectif pour ensuite constater leur éloignement herméneutique et théologique. Nous pensons que c'est précisément ici, c'est-à-dire dans la notion d'alliance de grâce, que tout se joue entre le presbytérianisme et le baptisme.

1. L'ALLIANCE DE GRÂCE AU XVIIe SIÈCLE

Avec la redécouverte du salut par la grâce à la Réforme se développa la notion d'une alliance de grâce. Au XVIIe siècle, la théologie fédérale était le cadre à l'intérieur duquel toutes les doctrines étaient appréhendées ; la doctrine du salut par grâce n'échappa point à ce cadre. À cette époque, on n'abordait pas la question du salut par grâce en dehors de l'alliance de grâce. On ne confondait pas ces deux doctrines (salut par grâce et alliance de grâce), mais on ne les séparait pas non plus. L'alliance de grâce, dans la perspective réformée, est l'alliance qui rassemble les sauvés de tous les temps, depuis la création du monde jusqu'au jugement dernier. Tous ceux qui ont bénéficié de la grâce de Dieu furent dans l'alliance de grâce.

Bien que la révélation de la grâce fût plus apparente dans le Nouveau Testament, aucun théologien réformé ne croyait que le salut par grâce débutait avec le Nouveau Testament. Depuis Luther, on croyait que l'Évangile commençait à être révélé dès Genèse 3, au verset 15, et que tout le reste du plan de rédemption était progressivement révélé à partir de cette promesse souvent appelée protoévangile. L'orthodoxie réformée ne reconnaissait qu'une seule alliance de grâce à l'intérieur de laquelle on ne retrouvait qu'un seul Évangile et qu'un seul peuple racheté. Il y avait cependant une approche théologique qui rejetait cette notion d'alliance de grâce et d'unité intertestamentaire qui en découlait : l'approche socinienne.

1.1. Le socinianisme et l'alliance de grâce

Les sociniens étaient parmi les principaux adversaires de la théologie réformée. Leur compréhension de la relation entre l'Ancien Testament et le Nouveau faisait d'eux les « hyperdispensationalistes » de l'époque. Par exemple, dans leur catéchisme, ils défendaient une stricte discontinuité entre les deux testaments : « On ne trouve nulle part, dans la loi de Moïse, de promesse de la vie éternelle ou du don du Saint-Esprit promis à ceux qui obéissent aux préceptes de la loi, car il est évident qu'ils sont promis dans loi que Christ a donnée[1]. » David Dickson, dans son exposition du chapitre 7 de la Confession de Westminster, soulignait l'unité entre les sacrifices de l'Ancien Testament et celui du Nouveau Testament, et dénonçait les sociniens qui niaient cette unité :

> Question I. *Ces sacrifices, ainsi que les autres types et ordonnances par lesquels l'alliance de grâce était administrée avant l'incarnation de notre Sauveur, préfigurent-ils et*

---

1. *Racovian Catechism* 5, 1652, p. 133 ; cité par François Turretin, *Intitutes of Elenctic Theology*, Phillipsburg, P&R, 1992 (1696), vol. 2, p. 192.

représentent-ils le Christ à l'avance ? – Oui. Voir Hé 8 – 10 ; Ro 4.11 ; Col 2.11,12 ; 1 Co 5.7.

Les sociniens ne font-ils pas erreur lorsqu'ils soutiennent que les sacrifices ordonnés par la loi ne préfiguraient pas le sacrifice expiatoire de Christ, et qu'ils n'en étaient ni le type ni l'image, de sorte que les sacrifices offerts par les Juifs pour le péché les lavaient réellement de tous les péchés pour lesquels ils étaient offerts ? – Oui. Par quels arguments peut-on réfuter cette erreur ? [...]²

La correspondance de Socinus lui-même confirme que Dickson présente équitablement la compréhension socinienne : « Je suis en désaccord avec vous sur ce point, car vous semblez admettre que les hommes pieux de l'Ancien Testament regardaient à Christ au travers des cérémonies et des sacrifices qui le représentaient, et qu'ils étaient sauvés dans l'espérance de sa venue ; une idée à laquelle il m'est impossible d'adhérer³. » Herman Witsius, de son côté, qualifiait « d'hérésie » la position socinienne : « L'hérésie des sociniens affirme avec effronterie qu'il n'y avait aucune promesse de vie éternelle dans l'Ancien Testament et que Jésus-Christ était le premier et le seul à annoncer cette importante vérité⁴. » John Owen, quant à lui, comparait le socinianisme au pélagianisme :

> Certains, en effet, ont depuis quelque temps ravivé la fabulation ancienne des pélagiens : ils soutiennent qu'avant la loi, les hommes étaient sauvés par la lumière naturelle et la raison ; et, sous la loi, par les doctrines mêmes de la loi, par ses commandements et ses sacrifices, sans référence au Seigneur Jésus-Christ ni à sa médiation dans une autre alliance⁵.

---

2. David Dickson, *Truth's Victory Over Error*, Edinburgh, imprimé par John Reid, 1684, chap. VII, « Of Gods Covenant With Man ».
3. Socinus, « Ad amicos epistolae : ad Matthaeum Radecium », *Opera Omnia*, 1656, vol. 1, p. 377, cité par François Turretin, *Institutes of Elenctic Theology*, vol. 2, p. 192 et s.
4. Herman Witsius, *The Economy of the Covenants*, vol. 2, p. 324.
5. John Owen, *An Exposition of Hebrews 8.6-13*, p. 180.

En réponse à la dichotomie socinienne, les réformés mirent un accent prédominant sur l'unité et la continuité de l'alliance de grâce depuis le protoévangile jusqu'à son plein accomplissement en la mort et la résurrection de Christ. C'est ainsi que les principales alliances bibliques furent unifiées et que la notion de discontinuité dans le plan divin fut grandement évacuée. Les alliances abrahamique, sinaïtique, davidique étaient vues uniquement comme différentes administrations de l'alliance de grâce révélée à Adam et Ève dans Genèse 3.15. Les réformés considéraient que ces alliances et la nouvelle alliance avaient la même substance, c'est-à-dire la grâce, et que les éléments disparates entre ces diverses alliances étaient uniquement des facteurs externes et administratifs. L'instant où un auteur ou un groupe remettait en question l'uniformité organique de l'alliance de grâce, il était catalogué avec les sociniens, les anabaptistes et les arminiens. Les premiers étant des hérétiques antitrinitaires, les seconds rappelaient le fanatisme de Münster et les troisièmes étaient les adversaires de la théologie de la grâce. Ces trois groupes avaient aussi en commun leur rejet de l'unité intertestamentaire de l'alliance de grâce[6].

Nous pouvons difficilement exagérer la difficulté du défi qui se trouvait devant les baptistes : contester la compréhension majoritaire de l'alliance de grâce en insistant sur la discontinuité entre les alliances bibliques, tout en se dissociant des sociniens, des anabaptistes et des arminiens. Se dissocier d'eux était d'autant plus difficile du fait que les anabaptistes et les sociniens rejetaient également le baptême d'enfants et ne baptisaient que les croyants. Il n'est donc pas étonnant que les baptistes aient été appelés anabaptistes et qu'ils aient été marginalisés, persécutés, et que peu de pédobaptistes aient considéré avec soin les détails de leurs arguments. Dès le début, les baptistes furent caricaturés et suspectés d'incarner toutes les

---

6. Voir François Turretin, *Institutes of Elenctic Theology*, vol. 2, p. 192-193. Ces groupes ne pouvaient concevoir que la foi en Christ ait pu exister sous l'Ancien Testament et trouvaient ridicule et anachronique une telle croyance. En guise de réponse, Turretin démontre que la foi des patriarches n'était pas seulement la foi qu'un Christ viendrait, mais la foi en Christ qui allait venir (Ac 19.4,5).

déviances théologiques et morales du passé[7]. Leur théologie fut donc définie avec beaucoup de précautions, en particulier lorsqu'ils présentaient un point de vue différent. Concernant l'alliance de grâce, la position baptiste était en quelque sorte médiane entre la continuité stricte de la position presbytérienne et la discontinuité radicale de la position socinienne. En accord avec les presbytériens contre les sociniens, les baptistes affirmaient l'unité substantielle de l'alliance de grâce de la Genèse à l'Apocalypse. Mais, tout comme les sociniens contre les presbytériens, ils affirmaient la discontinuité substantielle entre l'ancienne et la nouvelle alliance.

Dans le reste de ce chapitre, nous comparerons les compréhensions presbytérienne et baptiste de l'alliance de grâce. Nous présenterons successivement ces deux notions, puis nous tirerons quelques conclusions de notre comparaison.

2. L'ALLIANCE DE GRÂCE CHEZ LES PÉDOBAPTISTES : UNE ALLIANCE SOUS DEUX ADMINISTRATIONS

Nous avons déjà mentionné à plusieurs reprises le paradigme presbytérien de l'alliance de grâce qui consiste à ne voir qu'une alliance administrée respectivement par l'ancienne et la nouvelle alliance. Cette notion fut définitivement enracinée dans la théologie presbytérienne lorsqu'elle fut intégrée aux standards de Westminster : « Cette alliance de grâce a été diversement administrée au temps de la loi et au temps de l'Évangile [...][8] »

---

7. Le titre de leur première confession de foi est très révélateur : *The Confession of Faith, of those Churches which are commonly (though falsly) called Anabaptists*. Un des buts en publiant cette première confession de foi était de dissiper tout soupçon quant à leur orthodoxie et leurs pratiques. Daniel Featley, l'un des instigateurs de ces soupçons, reconnut que la première édition de la Confession de foi des baptistes (1644) était orthodoxe, mais il indiqua dans sa réplique *The Dippers dipt. Or, The Anabaptists duck'd and plunged Over Head and Eares* (1645) que les baptistes s'étaient drapés d'orthodoxie afin de dissimuler leur vraie nature et éviter ainsi d'être sanctionnés par les autorités. Cette information provient du cours *Baptist Symbolics*, de James Renihan.
8. *La Confession de Westminster*, VII, V.

2.1. Une distinction fondamentale entre la substance et l'administration

Les pédobaptistes n'ignoraient pas les différences entre les deux testaments, mais voici comment ils les prenaient en considération dans leurs efforts pour maintenir l'unité de l'alliance de grâce du début jusqu'à la fin de la révélation. En examinant l'alliance de grâce, deux de ses aspects devaient être distingués : sa substance et sa circonstance ou son administration. On retrouve cette explication dans l'*opus magnum* de Herman Witsius, publié en 1677 :

> Il est de la plus haute importance, lorsque nous considérons l'alliance de grâce, de distinguer, d'une part, sa substance ou son essence, et, d'autre part, les différentes manières liées aux circonstances selon lesquelles Dieu la dispense sous différentes administrations. Si nous considérons la substance de l'alliance, il y en a qu'une seule, et il est impossible qu'il en soit autrement. [...] Mais si nous considérons attentivement les conditions de l'alliance, elles furent dispensées à diverses reprises et de diverses manières sous différentes administrations pour la manifestation de la sagesse infinie de Dieu[9].

Cette distinction était essentielle au fédéralisme presbytérien, puisqu'elle permettait de maintenir l'unité de l'alliance de grâce tout en reconnaissant des éléments de discontinuité entre ses différentes administrations. Caspar Olevianus appliquait également cette distinction à l'intérieur de l'alliance de grâce. Lyle Bierma explique comment cette façon de faire était fondamentale à la théologie d'Olevianus :

> La clé de la doctrine de l'alliance de grâce d'Olevianus se trouve dans trois distinctions qu'il fait souvent : 1) une distinction explicite entre la substance et l'administration de l'alliance ; 2) une autre distinction, mais cette fois implicite, entre l'administration externe de la promesse de l'alliance à tous au sein de l'Église visible et l'administration interne de la substance de cette promesse aux élus et 3) une distinction implicite entre l'alliance

---

9. Herman Witsius, *The Economy of the Covenants*, vol. 1, p. 291.

comme testament divin ou promesse divine d'une part, et, d'autre part, comme lien mutuel des testaments[10].

Non seulement la distinction entre la substance et la circonstance permettait aux presbytériens d'affirmer l'unité de l'alliance de grâce sans nier les divergences entre les testaments, mais elle leur permettait également de justifier la mixité du peuple de Dieu (composé de régénérés et de non-régénérés) à l'intérieur de l'alliance de grâce, ce qui est encore plus fondamental au pédobaptisme. En distinguant entre la substance et l'administration, les pédobaptistes pouvaient envisager une place pour des non-élus à l'intérieur de l'alliance de grâce et faire ainsi de la place pour la postérité naturelle des croyants et lui donner droit au baptême. L'administration externe de l'alliance de grâce contiendrait donc des régénérés et des non-régénérés, tandis que sa substance interne ne contiendrait que des régénérés. Ainsi, en distinguant entre la substance interne et l'administration externe, les pédobaptistes justifiaient la mixité de l'alliance de grâce. D'après eux, les non régénérés de l'alliance de grâce jouissaient d'un statut au sein du peuple de Dieu en étant exposés à la prédication de la Parole et en prenant part aux sacrements. Cependant, seuls les régénérés bénéficiaient efficacement de la substance de l'alliance de grâce en vertu de l'efficacité interne du Saint-Esprit. Il y avait donc une façon naturelle et une façon spirituelle de se trouver dans la même alliance de grâce.

Bierma affirme que la distinction entre la substance et l'administration menait directement à la mixité de l'alliance de grâce en y introduisant des non sauvés.

> Les deux premières distinctions *[mentionnées dans la citation précédente]* sont particulièrement utiles pour résoudre certains des problèmes que nous avons rencontrés dans les anciennes recherches sur la théologie de l'alliance d'Olevianus. Par exemple, la relation des non-élus dans l'Église visible relativement à l'alliance est très claire [...] : ils sont inclus dans l'administration

---

10. Lyle Bierma, *The Covenant Theology of Caspar Olevianus*, Grand Rapids, Reformation Heritage Books, 2005, p. 104-105.

externe de l'alliance à travers la Parole et les sacrements, mais ne le sont pas dans l'administration interne de la substance des bienfaits de l'alliance par l'Esprit Saint[11].

En séparant la substance de l'administration et en distinguant entre une efficacité externe (naturelle) et une efficacité interne (spirituelle) de l'alliance de grâce, les pédobaptistes justifiaient la mixité des alliances bibliques. Cette notion était palpable dans l'ecclésiologie pédobaptiste ; elle se manifestait dans le concept de l'Église visible et invisible[12]. Par exemple, au chapitre 25 de la Confession de Westminster, ces distinctions (substance/administration ; interne/externe ; spirituelle/naturelle) sont appliquées à l'Église par la notion d'Église visible et invisible :

> I. L'Église catholique ou universelle, qui est invisible, comprend la totalité des élus : ceux qui ont été, sont et seront rassemblés dans l'unité, sous Christ, leur chef. Elle est l'épouse, le corps et la plénitude de celui qui remplit tout en tous.
>
> II. L'Église visible, qui est elle aussi catholique ou universelle sous l'Évangile (non plus limitée à une seule nation comme auparavant sous la loi), comprend tous ceux qui, dans le monde entier, professent la vraie religion, ainsi que leurs enfants ; elle est le royaume du Seigneur Jésus-Christ, la maison et la famille de Dieu hors desquels il n'y a pas de possibilité normale de salut.

Le paragraphe I, sous le vocable d'Église invisible, présente l'administration interne de l'alliance de grâce où seulement les élus appelés participent à la substance de cette alliance. Le paragraphe II, sous le vocable d'Église visible, indique que tous les professants, régénérés ou non, incluant leur postérité forment le royaume de Christ sous l'administration externe de l'alliance de grâce. Voici

---

11. *Ibid.*, p. 105.
12. Edward Hutchinson reprochait aux pédobaptistes d'employer ce concept de manière équivoque : « Vous nous trompez bien souvent avec ce mot (visible), puisque parfois vos enfants sont, d'autres fois ils ne sont pas dans l'alliance (de manière visible) au point ou ce terme est aussi ambigu et mystique que les mots de la Cabale » (*A Treatise Concerning the Covenant and Baptism*, Londres, imprimé pour Francis Smith, 1676, p. 28-29).

comment William Ames utilisait la distinction interne/externe (substance/administration) pour justifier la présence de « chrétiens » non régénérés dans l'institution visible de l'Église : « Ceux qui ne sont croyants que par profession, tant qu'ils restent dans cette société *[l'Église visible]*, sont membres de cette Église, tout comme ils le sont de l'Église universelle, mais seulement en ce qui a trait au statut externe. En ce qui concerne le statut interne, ils n'en font pas partie[13]. » L'Église normale, pour les pédobaptistes, comprenait, en tant qu'institution, des professants régénérés et des professants non régénérés ainsi que la descendance naturelle de ces professants.

Le paradigme *une alliance deux administrations* de la théologie des alliances pédobaptiste comportait donc deux éléments nécessaires au fédéralisme presbytérien : l'unité de l'alliance de grâce de la Genèse à l'Apocalypse et la mixité de l'alliance de grâce depuis Israël jusqu'à l'Église du Nouveau Testament. Ce modèle théorique était largement entériné par les pédobaptistes du XVIIe siècle.

Dans la formulation *une alliance sous deux administrations*, nous retrouvons la distinction *substance/circonstance* ou encore la distinction *interne/externe* ou *spirituelle/naturelle* ou *invisible/visible*. Il y a d'abord *une alliance* (substance interne spirituelle et invisible) *sous deux administrations* (circonstance externe naturelle et visible). Cette distinction est implicite dans tout le fédéralisme presbytérien et elle y est fondamentale. Par exemple, William Ames, en discutant des différences entre l'ancienne et la nouvelle alliance, emploie cette distinction qui lui permet d'affirmer l'unité de substance et la discontinuité d'administration entre ces deux alliances : « Le *[nouveau]* testament est nouveau par rapport à ce qui existait au temps de Moïse et par rapport à la promesse faite aux pères. Cependant, il n'est pas nouveau en essence, mais plutôt dans la forme[14]. »

En distinguant entre la forme et l'essence (substance/administration), Ames confine la nouveauté de la nouvelle alliance à sa forme externe, sa substance n'étant nouvelle en rien. Conséquemment, pour

---
13. William Ames, *The Marrow of Theology*, Grand Rapids, Baker, 1997 (1629), p. 179.
14. *Ibid.*, p. 206.

Ames et ses contemporains pédobaptistes, il y a identité de substance entre l'ancienne et la nouvelle alliance[15]. Sur la base de cette continuité, les pédobaptistes ont établi leur principe de descendance par lequel la descendance naturelle des croyants est intégrée à l'alliance de grâce.

2.2. Du modèle *une alliance sous deux administrations* au principe de descendance

L'identité de substance entre l'ancienne et la nouvelle alliance constituait le fondement théologique du pédobaptême ; Richard Pratt explique :

> Lorsque la théologie réformée évoque le baptême comme alliance, le sacrement est considéré dans le contexte de l'unité de l'alliance de grâce. Le sens du baptême ne se trouve pas seulement dans les enseignements du NT, il suppose également la manière dont le baptême accomplit le modèle de foi de l'AT. Cette confiance en l'unité des alliances de l'AT et du NT est énoncée en termes généraux lorsque la Confession de Westminster identifie les ordonnances administrées[16].

L'unité organique de l'alliance de grâce était, et demeure, la pierre de touche de la théologie pédobaptiste. Sous l'ancienne

---

15. Le fédéralisme presbytérien fut définitivement caractérisé par cette identité entre l'ancienne et la nouvelle alliance. Jeffrey D. Johnson, dans *The Fatal Flaw of the Theology Behind Infant Baptism*, Free Grace Press, 2010, démontre, au chapitre 3, que la notion de continuité d'essence entre l'ancienne et la nouvelle alliance a été enseignée par les principaux théologiens pédobaptistes de la Réforme à nos jours : Uldrich Zwingli, Henry Bullinger, Jean Calvin, Caspar Olevianus, Zacharie Ursinus, Thomas Cartwright, John Preston, Thomas Blake, John Ball, William Ames, Johannes Cocceius, Johannes Wollebius, Herman Witsius, Charles Hodge, James Buchanan, Robert Dabney, John Murray, Edward Young, James Bannerman, Meredith Kline, O. Palmer Robertson, Robert Reymond. Cette liste n'est pas exhaustive, mais elle est très certainement représentative.
16. Richard L. Pratt Jr., « Reformed View : Baptism as a Sacrament of the Covenant », *Understanding Four Views on Baptism*, Grand Rapids, Zondervan, 2007, p. 65.

alliance, les descendants naturels étaient compris dans l'alliance : « [...] ce sera une alliance perpétuelle, en vertu de laquelle je serai ton Dieu et celui de ta postérité après toi » (Ge 17.7). Si la nouvelle alliance est substantiellement identique à l'ancienne, ce principe de descendance doit se poursuivre.

Les baptistes ne niaient pas le principe de descendance naturelle sous l'ancienne alliance ; ils considéraient cependant que l'importation de ce principe sous la nouvelle alliance était erronée et dépendait d'une construction artificielle et arbitraire de l'alliance de grâce[17]. Il leur fallait prouver que les pédobaptistes avaient tort d'éta-

---

17. Ils croyaient aussi que les pédobaptistes n'appliquaient pas ce principe de manière cohérente avec la façon dont il était appliqué sous l'alliance abrahamique. Nehemiah Coxe résumait ainsi son argument : « Ils *[les pédobaptistes]* restreignent généralement les conditions de participation à l'alliance [...] en les limitant à la descendance immédiate. Pourtant, dans cette alliance *[l'alliance abrahamique]*, elle n'était pas restreinte de cette façon, mais s'étendait entièrement sur les générations éloignées. Les pédobaptistes excluent également les serviteurs et les esclaves des chrétiens avec leurs enfants de ce privilège dont ils jouissaient, selon leur supposition, dans l'Ancien Testament, en étant scellés par le signe ou le gage de l'alliance de grâce » (*A Discourse of the Covenants*, p. 106). Edward Hutchinson avait le même argument : « Je mets au défi celui qui peut me donner une argumentation solide expliquant pourquoi la foi d'un croyant d'aujourd'hui ne peut pas donner droit au baptême et à l'appartenance à l'Église aux enfants de ses enfants, allant jusqu'à la 3e et 4e génération, comme la foi d'Abraham donnait droit, à sa descendance, aux privilèges de l'ancienne alliance » (*A Treatise Concerning the Covenant and Baptism*, p. 50). John Ball avait sans doute noté cette faiblesse dans la théologie presbytérienne ; il expliquait donc que lorsqu'une personne abandonnait l'alliance de la promesse, c'était aussi toute sa postérité avec elle qui perdait le privilège de l'alliance. Plutôt que d'étendre la nouvelle alliance à la postérité lointaine des croyants, Ball restreignit l'ancienne alliance à la postérité immédiate des croyants (voir *A Treatise of the Covenant of Grace*, p. 202). Thomas Goodwin avait une compréhension similaire : « A Discourse of Election », *The Works of Thomas Goodwin*, vol. 9, Grand Rapids, Reformation Heritage Books, 2006 (1682), p. 428. Bien entendu, les théologiens baptistes croyaient que cette façon de faire était une construction artificielle de la portée de l'ancienne alliance. Coxe écrit : « Les promesses faites à Abraham [...] lui sont accordées de même qu'à sa postérité après lui, selon leurs générations. L'alliance est elle-même une alliance perpétuelle que Dieu ordonne de garder de génération en génération (voir Ge. 17.7,9,13). Ces conditions sont établies parce que cette alliance s'appliquait autant aux générations rapprochées qu'aux plus éloignées. La loi et les promesses

blir une unité de substance entre l'ancienne et la nouvelle alliance, et d'uniformiser, sur cette base, des principes propres à l'ancienne alliance, cependant étrangers à la nouvelle alliance. Le défi était grand, car partout on considérait l'unité substantielle de l'alliance de grâce comme étant évidente par elle-même (ce que croyaient aussi les baptistes) et suffisante pour justifier la continuité du principe de descendance naturelle à cause de l'identité de substance entre les deux testaments (ce que rejetaient les baptistes).

Par exemple, François Turretin, en défendant l'identité de substance entre l'ancienne et la nouvelle alliance sur la base de l'unité de l'alliance de grâce, affirmait la pérennité du principe « je serai ton Dieu et celui de ta postérité après toi » :

---

incluses dans cette alliance étaient liées et se retrouvaient sur un même pied d'égalité tout au long de l'administration mosaïque. Le droit de la génération la plus éloignée était autant issu d'Abraham et de l'alliance qui avait été faite avec lui que celle de sa postérité immédiate. Elle ne dépendait pas du tout de la fidélité de leurs parents immédiats. Ainsi, la descendance immédiate des Israélites qui tombèrent dans le désert parce qu'ils déplurent à Dieu devait tout de même hériter de la terre de Canaan en vertu de l'alliance faite à Abraham. Ils n'auraient jamais pu en bénéficier par la loyauté à l'alliance de leurs parents immédiats. Je suppose qu'on ne peut pas nier que l'idolâtrie manifeste était une infraction et une violation totale de cette alliance de la part de l'idolâtre. Pourtant, lorsque les Israélites au temps d'Ézéchiel se sont rendus coupables de la plus vile des idolâtries, le Seigneur a continué de manifester un intérêt à leurs enfants en vertu de cette alliance (16.20,21) [...] Les enfants des Israélites apostats appartenaient à Dieu tout comme ceux de ses fidèles serviteurs. Il n'en n'aurait pas été ainsi si leur avantage dans l'alliance avait été lié au bon comportement de leurs parents immédiats » (*A Discourse of the Covenants*, p. 97-98). Ce point est particulièrement important, puisque le pédobaptisme dépendait entièrement de l'importation, sous la nouvelle alliance, d'un principe propre à l'alliance abrahamique ; or les pédobaptistes n'appliquaient pas de manière cohérente le principe de descendance naturelle donné à Abraham ; ils en faisaient une application qui était étrangère à l'alliance abrahamique autant qu'à la nouvelle alliance. De plus, les pédobaptistes n'expliquaient pas pourquoi les descendants naturels d'Abraham furent finalement exclus de l'alliance (Mt 21.43 ; Ro 9.27 et s.) alors qu'ils devaient y être de façon permanente (Ge 17.7), au moins de manière externe. En ce sens, les dispensationalistes ont une conception plus généreuse de la grâce accordée à la postérité naturelle d'Abraham que celle des presbytériens. Nous comparerons plus en détail les compréhensions presbytérienne et baptiste de l'alliance abrahamique au chapitre suivant.

Deuxièmement, en ce qui concerne toutes les parties de l'alliance de la grâce, elles sont les mêmes dans les deux cas. Voici qu'elle est la clause de l'alliance : Dieu sera notre Dieu et celui de notre postérité après la nôtre, car cela a déjà été annoncé à Abraham (Ge 17.7), renouvelé à Moïse dans une vision (Ex 3.15) et, souvent par des préceptes, confirmé pendant et après la captivité (Éz 36.28). Donc, rien d'autre n'a été annoncé comme fondement de toutes bénédictions spirituelles et célestes dans l'alliance de grâce (Mt 22.32 ; 2 Co 6.16 ; Ap 21.3)[18].

Ainsi, tous les pédobaptistes considéraient que les enfants des croyants avaient Dieu pour leur Dieu, au moins de manière externe, sous l'administration de l'alliance de grâce. Thomas Blake publia même un traité spécifiquement sur cette question : *The Birth Priviledge : or, Covenant Holinesse of Beleevers and their Issue in the Time of the Gospel. Together with the Right of Infants to Baptisme* (1643).

Récapitulons. Parce qu'aucun homme ne fut sauvé autrement que par la grâce de Dieu depuis la chute, les réformés considéraient qu'il n'y avait qu'une seule alliance de grâce dans toute l'histoire de la rédemption. L'alliance de grâce était la substance par laquelle les théologiens du XVIIe siècle unissaient toute la Bible d'où leur paradigme : *une alliance sous plusieurs administrations*. En établissant une distinction entre la substance interne et l'administration externe de l'alliance de grâce, les presbytériens arrivèrent à maintenir l'unité de cette alliance tout en admettant une certaine disparité entre les différentes administrations. De plus, en séparant la substance et l'administration, les pédobaptistes introduisirent une notion de mixité à l'intérieur de l'alliance de grâce par laquelle ils expliquaient que des non régénérés peuvent être dans l'alliance sans prendre part à sa substance, mais en étant dans son administration visible uniquement.

---

18. François Turretin, *Institutes of Elenctic Theology*, vol. 2, p. 195. Voir aussi Thomas Goodwin, *A Discourse of Election*, p. 428 et s. Goodwin tente d'expliquer que le privilège « allianciel », *je serai ton Dieu et celui de ta postérité après toi*, était réservé seulement à Abraham en tant que « père de tous les croyants », mais qu'il s'agit aussi du privilège de tous les enfants d'Abraham d'avoir leur propre postérité comptée dans l'alliance de grâce.

Finalement, en considérant l'ancienne et la nouvelle alliance simplement comme des administrations d'une même alliance et en insistant sur l'identité de leur substance, les pédobaptistes ont perpétué un principe donné à Abraham : « Je serai ton Dieu et le Dieu de ta postérité après toi ». Ce principe permettait aux pédobaptistes de considérer leurs enfants comme membres de l'alliance de grâce et, en faisant la distinction entre la substance et l'administration, ils leur justifiaient une place légitime, celle des non régénérés qui participent néanmoins à l'alliance de grâce et qui en reçoivent le sceau : autrefois la circoncision, maintenant le baptême.

Cette compréhension de l'alliance de grâce était largement répandue chez les théologiens réformés pédobaptistes du XVIIe siècle.

2.3. Une alliance sous deux administrations : un modèle généralisé

Les notions que nous venons de présenter relativement à l'alliance de grâce étaient implicites dans toute la théologie réformée au XVIe et au XVIIe siècle. John Ball écrit : « Car le mode d'administration de cette alliance est varié, puisqu'il a plu à Dieu de la dispenser de plusieurs manières ; mais, en substance, il n'y en a qu'une seule et dernière, immuable et éternelle[19]. » Ball endosse entièrement la distinction fondamentale entre la substance et l'administration de l'alliance de grâce. Un peu plus loin, en utilisant la même distinction, Ball explique que les pharisiens étaient dans l'alliance de grâce tout en étant exclus de sa substance :

> En ce qui concerne l'administration externe de l'alliance, ils étaient comptés parmi la semence, mais ils n'ont pas marché selon la foi d'Abraham. Ainsi ils n'étaient donc pas la semence en vérité. [...] En outre, il faut remarquer que, dans toute la descendance, l'alliance s'étendait aux enfants nés sous l'alliance, raison pour laquelle ils devaient recevoir le sceau de l'alliance à leur huitième jour[20].

---

19. John Ball, *A Treatise of the Covenant of Grace*, p. 23.
20. *Ibid.*, p. 51 et s.

Le paradigme *une alliance sous deux administrations* permettait à Ball d'affirmer la mixité de l'alliance de grâce en isolant son administration externe de sa substance interne et il lui permettait d'importer sous la nouvelle alliance un principe de descendance propre à la substance de l'alliance de grâce, selon lui. Ball n'affirmait pas la mixité de l'alliance de grâce uniquement de manière implicite, mais il le faisait explicitement en la présentant comme une alliance à deux niveaux (interne/externe) :

> Dieu, en tant que souverain absolu, a droit et autorité sur tout homme. Mais dans un sens plus restreint, les hommes qui reçoivent ses commandements et qui reconnaissent Dieu comme leur Seigneur et Sauveur sont appelés son peuple. Parmi ces hommes, on distingue deux groupes, car Dieu a fait une alliance externe avec certains d'entre eux en les appelant par sa Parole et en les scellant par ses sacrements. C'est par la profession de leur foi et la réception des sacrements qu'ils se soumettent à la condition requise. Ainsi, tous les membres de l'Église visible font partie de l'alliance. Avec le deuxième groupe d'hommes, Dieu a fait une alliance efficace en écrivant sa loi dans leurs cœurs par son Saint-Esprit. Ils se soumettent librement et de tout leur cœur au Seigneur, et cela en toutes choses afin d'être dirigés et guidés par lui. Ainsi, Dieu a fait une alliance seulement avec les hommes fidèles. Le premier groupe est le peuple de Dieu de manière externe [...] et se rapporte à l'administration externe *[de l'alliance]*. Le second groupe est le peuple de Dieu interne ou secret qui est distinctement et véritablement connu du Seigneur[21].

La distinction substance/administration de la compréhension presbytérienne de l'alliance de grâce permettait à Ball d'affirmer que deux catégories de personnes se trouvaient dans l'alliance de grâce : des régénérés et des non régénérés. Thomas Blake était encore plus explicite que Ball dans son traité *Vindiciae Foederis*. Il consacra un chapitre entier pour démontrer la mixité de l'alliance de grâce administrée sous la nouvelle alliance, un chapitre qu'il intitula : « L'alliance de grâce au temps de l'Évangile admet les chrétiens professant comme

---

21. *Ibid.*, p. 202 et s.

des non-régénérés ; elle n'est pas limitée aux élus régénérés[22]. » Dans ce chapitre, Blake explique que l'alliance de grâce est tout d'abord visible, externe et inefficace : « D'abord, cette alliance entre Dieu et l'homme [...] est une alliance d'admission visible seulement, elle ne nécessite aucun changement interne réel ni œuvre accomplie dans l'âme pour qu'un tel changement ait lieu[23]. » Il poursuit son argumentation en justifiant la doctrine de l'Église visible qui, selon lui, correspond aux Églises nationales. Il s'appuie sur le mandat missionnaire de Matthieu 28.19 pour expliquer son point de vue :

> Le fait que la nation entière puisse être intégrée *[faites des nations des disciples]* selon l'administration ordinaire établie par Dieu montre qu'il s'agit d'une alliance dans laquelle on entre par une profession de foi, de façon visible. Cette alliance ne nécessite aucun changement interne ni transformation de l'âme. Il est clair qu'on ne peut pas s'attendre, selon les voies ordinaires de Dieu, à ce qu'une nation tout entière se présente réellement sainte devant lui [...] Mais toutes les nations ont la possibilité (selon les voies ordinaires de Dieu) d'entrer dans cette alliance, comme on le voit clairement dans le texte. Toutes les nations reçoivent cette mission, avec un heureux succès pour un bon nombre d'entre elles[24].

Ce paragraphe démontre à quel point le fédéralisme presbytérien était à la base de leur ecclésiologie et comment la distinction entre la substance et l'administration (*selon les voies ordinaires de Dieu*) de l'alliance justifiait le modèle national de l'Église réformée. Blake poursuit sa démonstration de la mixité de l'alliance de grâce en employant la parabole des noces dans Matthieu 22.1-14. Blake croit que l'homme qui n'avait pas revêtu un habit de noces correspond aux non-régénérés qui sont dans l'alliance de grâce[25]. Il s'appuie encore sur

---

22. Thomas Blake, *Vindiciae Foederis ; or A Treatise of the Covenant of God Entered With Man-Kinde, In the Several Kindes and Degrees of it*, Londres, imprimé par Abel Roper, 1653, p. 189.
23. *Ibid.*, p. 193.
24. *Ibid.*, p. 194.
25. *Ibid.*, p. 197.

Hébreux 10.29 pour prouver que tous ceux qui sont dans l'alliance ne sont pas nécessairement sauvés :

> Nous voyons pourtant ces gens, qui sont sanctifiés par le sang de l'alliance, piétiner le Fils de Dieu et tenir pour profane son sang estimant ces choses comme si elles étaient communes, sans jamais se consacrer à Dieu. Ces gens méritent le châtiment, même s'ils ne peuvent pas être exclus de l'alliance, puisqu'ils sont sanctifiés par le sang de l'alliance[26].

Blake défendait encore la mixité de l'Église en essayant de prouver que le Nouveau Testament désigne comme croyants, comme saints, comme disciples et comme chrétiens des non-régénérés. Par exemple, il considère que les cinq mille hommes convertis à la Pentecôte appartenaient à l'Église visible et, bien qu'ils fussent tous des professants, ils ne furent pas tous régénérés. Simon le magicien serait un exemple de ces croyants non sauvés[27]. Blake donne aussi l'exemple du conjoint non croyant mais appelé saint en vertu du conjoint croyant (1 Co 7.14), et en déduit que le Nouveau Testament n'applique pas exclusivement aux régénérés les qualificatifs et les substantifs servant à désigner ceux qui sont dans l'alliance de grâce[28].

Il conclut en expliquant que ceux qui restreignent l'alliance aux régénérés confondent l'alliance elle-même et sa condition :

---

26. *Ibid.*, p. 198. Blake prend bien soin d'expliquer en quoi consiste la sanctification des apostats à l'intérieur de l'alliance de grâce ; il ne s'agit pas de la purification de leurs péchés. Cependant les versets 10 et 14 utilisent le même verbe pour dire le contraire. Nous croyons que l'exégèse de Blake est erronée, car nous pensons que le verbe ἡγιάσθη (a été sanctifié) renvoie non pas à « celui qui aura foulé aux pieds le Fils de Dieu », mais à l'alliance qui a été sanctifiée par le sang de Christ. La traduction de ce verset devrait plutôt être : « de quel pire châtiment pensez-vous que sera jugé digne celui qui aura foulé aux pieds le Fils de Dieu, qui aura tenu pour profane le sang de l'alliance, par lequel elle a été sanctifiée, et qui aura outragé l'Esprit de la grâce ? » Ce verset parle des apostats et non des membres de l'alliance ; ce verset ne cautionne pas l'idée que la nouvelle alliance serait « transgressable » par ses membres. Nous y reviendrons dans le chapitre 4 sur la nouvelle alliance.
27. *Ibid.*, p. 206.
28. *Ibid.*

Cette restriction de l'alliance *[l'exclusion des non-régénérés]* crée une confusion totale entre l'alliance elle-même et ses conditions, ou, si cette expression ne plaît pas, entre l'alliance elle-même et les devoirs qu'elle impose, ou encore entre notre admission dans l'alliance et notre observation de celle-ci : notre attachement et notre fidélité[29].

Cette compréhension de l'alliance de grâce fut officiellement entérinée dans les standards de Westminster. Nous avons déjà cité la Confession de Westminster à cet effet, mais les catéchismes du même nom articulaient également cette théologie. Par exemple, à la question 33 du Grand catéchisme de Westminster nous retrouvons la base de l'alliance de grâce comme unique alliance diversement administrée :

> Q. L'alliance de grâce a-t-elle toujours été administrée d'une seule et même manière ?
>
> R. L'alliance de grâce n'a pas toujours été administrée de la même manière ; son administration différait sous l'Ancien Testament et sous le Nouveau Testament.

Sur cette base, à la question 166, la mixité de l'alliance de grâce est sous-entendue en évoquant le concept d'Église visible (administration externe), aussi le principe de descendance est explicitement affirmé :

> Q. À qui le baptême doit-il être administré ?
>
> R. Le baptême ne doit pas être administré à ceux qui sont en dehors de l'Église visible, mais seulement au moment où ils professent leur foi dans le Christ et lui obéissent. Les enfants issus de parents, soit de l'un ou des deux, qui professent la foi en Christ et lui obéissent, sont, à cet égard, dans l'alliance, et le baptême leur est administré.

En considérant l'ancienne et la nouvelle alliance non pas comme des alliances à part entière, mais simplement comme des administrations

---

29. *Ibid.*, p. 209. Nous entrevoyions déjà au XVIIe siècle une tendance naturelle du presbytérianisme vers le nomisme d'alliance devenu une importante controverse chez les pédobaptistes d'aujourd'hui où la fidélité envers l'alliance remplace la foi seule, rendant ainsi l'alliance de grâce conditionnelle.

d'une même alliance, leurs différences étaient réduites à l'aspect qualitatif. Ainsi, Peter Bulkeley comparait l'alliance de grâce avant Christ et l'alliance de grâce après Christ uniquement en fonction de degré, c'est-à-dire :

... là se trouve la différence entre l'ancien et le nouveau type de dispensation de l'alliance de grâce. Elle se définit principalement en quatre comparaisons : 1. L'ancienne alliance est plus pénible, l'autre, plus facile. 2. L'ancienne est plus obscure, l'autre, plus claire. 3. L'ancienne est plus faible, l'autre, plus forte et plus vivante. 4. Finalement, en ce qui concerne l'étendue de la dispensation, l'ancienne ne s'applique qu'au peuple juif, l'autre, à toutes les nations[30].

En définissant l'alliance de grâce comme étant une seule alliance sous plusieurs administrations, la nature même de l'ancienne et de la nouvelle alliance fut prédéterminée. Généralement, les théologiens pédobaptistes réduisaient les différences entre ces deux « administrations » non pas à des différences substantielles, mais qualitatives. Turretin représente bien le point de vue des théologiens pédobaptistes de son temps en écrivant :

Les orthodoxes soutiennent que, d'un point de vue général, la différence entre l'Ancien et le Nouveau Testament n'est qu'accessoire et non essentielle (elle a trait aux circonstances, à la manière et au degré) ; elle ne concerne pas la substance elle-même, qui est la même dans les deux testaments[31].

Ces différences de degré étaient expliquées uniquement sous l'angle de la chronologie : avant Christ et après Christ. Les pédobaptistes parlaient de l'alliance de grâce *administrée au temps de la loi et au temps de l'Évangile*[32] ou de l'alliance de grâce *avant et après la venue du Christ*[33]. Pour eux, les différences entre l'Ancien Testament

---

30. Peter Bulkeley, *The Gospel Covenant ; or The Covenant of Grace Opened*, p. 105 et s.
31. François Turretin, *Institutes of Elenctic Theology*, vol. 2, p. 237.
32. *La Confession de foi de Westminster*, VII, V.
33. Peter Bulkeley, *The Gospel Covenant ; or The Covenant of Grace Opened*, p. 102.

et le Nouveau Testament s'expliquaient chronologiquement, et non substantiellement. Même chose chez Herman Witsius :

> Mais encore me direz-vous, quelque chose ici est promis en vertu de la nouvelle alliance. Quelque chose que l'ancienne alliance ne pouvait pas donner, laquelle fut remplacée en raison de ses imperfections. Je réponds : l'apôtre n'oppose pas ici l'alliance de grâce telle qu'elle fût dispensée après la venue du Christ à la même alliance de grâce qui était dispensée auparavant ; il oppose l'alliance de grâce dans sa pleine efficacité dans le Nouveau Testament à l'alliance nationale faite avec les Israélites au mont Sinaï. Il oppose une alliance spirituelle à une alliance typologique[34].

Nous pourrions continuer à démontrer les particularités du fédéralisme presbytérien du XVIIe siècle, mais nous croyons avoir clairement mis en évidence le fait que toutes ces particularités se rattachaient fondamentalement au paradigme *une alliance sous deux administrations*, et à la distinction fondamentale entre la substance et l'administration de l'alliance de grâce. Nous présenterons maintenant une autre compréhension de l'alliance de grâce qui s'inscrit, croyons-nous, dans le développement de la pensée réformée et qui a révolutionné l'ecclésiologie.

3. L'ALLIANCE DE GRÂCE CHEZ LES BAPTISTES : UNE ALLIANCE RÉVÉLÉE PROGRESSIVEMENT, PUIS CONCLUE FORMELLEMENT

3.1. L'unité avant tout

Les baptistes étaient très soucieux de maintenir l'unité avec leurs frères pédobaptistes. La plupart d'entre eux étaient très iréniques ; pensons à Nehemiah Coxe, qui affirme avoir longuement hésité avant de publier son traité afin d'éviter la controverse avec les pédobaptistes, qu'il reconnaissait comme des frères aimant le Seigneur Jésus[35].

---

34. Herman Witsius, *The Economy of the Covenants*, vol. 2, p. 336.
35. Voir Nehemiah Coxe, *A Discourse of the Covenants*, p. 30-31.

Pensons également à l'appendice que les baptistes joignirent à la publication de la Deuxième confession de foi de Londres où, à plusieurs reprises, ils expriment leur désir de maintenir de bonnes relations avec les pédobaptistes nonobstant leur divergence de vues sur la question du baptême :

> Nous avons aussi diligemment cherché à démontrer que, dans les articles fondamentaux du christianisme, nous avons le même point de vue. Nous avons donc exprimé nos convictions dans les mêmes termes que d'autres groupes de chrétiens l'ont fait avant nous. [...] Et bien que nous nous distinguions de nos frères pédobaptistes au sujet du baptême et de son administration, comme à d'autres aspects liés au respect de cette ordonnance [...] nous ne voudrions pas être mal compris au point où la teneur de nos propos offenserait ou détériorerait de quelque façon que ce soit notre affection et nos conversations avec quiconque craint l'Éternel.
>
> Ce que nous avons mentionné se rapporte directement à la controverse que nous avons avec nos frères. Pour ce qui est des autres notions plus abstraites et prolixes qui sont souvent introduites dans cette controverse, mais qui ne la concernent pas nécessairement, nous avons volontairement évité de créer une distance plus grande entre nos frères et nous. Car il est de notre devoir, et nous en sommes soucieux (tout en conservant une bonne conscience envers Dieu), de rechercher un accord plus complet et une réconciliation avec eux autant que possible[36].

En rejetant le modèle pédobaptiste de l'alliance de grâce, les baptistes ne voulaient surtout pas faire comme les sociniens qui rejetèrent l'alliance de grâce elle-même et la théologie réformée de façon générale. Ils désiraient se distancier des sociniens et s'identifier plutôt avec l'orthodoxie réformée. Les baptistes maintinrent une unité avec les presbytériens en affirmant l'unité de l'alliance de grâce. La théologie baptiste souscrivait pleinement à la notion d'une seule alliance

---

36. L'appendice de la Confession de 1689 est publié dans Fred Malone, *The Baptism of Disciples Alone*, Cape Coral, Founders Press, 2003, p. 253 et s. Les passages cités proviennent des pages 253, 254 et 263.

de grâce dans toute la Bible qui rassemble tous les sauvés en un seul peuple. La Confession de 1689 enseigne cette doctrine sans équivoque. D'abord, au chapitre 7 sur l'alliance de Dieu, au paragraphe 2 : « Bien plus, puisque l'homme s'est placé sous la malédiction de la loi par sa chute, il a plu au Seigneur de faire une alliance de grâce dans laquelle il offre gratuitement aux pécheurs la vie et le salut par Jésus-Christ ». Les baptistes considéraient que l'alliance de grâce débuta immédiatement après la chute et que la substance de cette alliance, même sous l'Ancien Testament, était le salut par la foi en Jésus-Christ. Le paragraphe 3 ne laisse aucun doute quant au fait que les baptistes croyaient que l'Évangile débuta avec Adam : « Cette alliance est révélée dans l'Évangile. Tout d'abord, à Adam, dans la promesse du salut par la postérité de la femme, et, par la suite, progressivement, jusqu'à sa révélation complète dans le Nouveau Testament. » Au chapitre 11, paragraphe 6, concernant la justification, les baptistes nièrent explicitement la théologie socinienne : « La justification des croyants sous l'ancienne alliance était, sous tous ces rapports, la même que celle des croyants sous la nouvelle alliance. » Puisque la substance de l'alliance de grâce était le salut par la foi en Jésus-Christ, en affirmant l'uniformité de la justification par la foi dans les deux testaments, ils affirmèrent implicitement l'unité de l'alliance de grâce dans les deux testaments. Finalement, au chapitre 21, paragraphe 1, sur la liberté chrétienne et la liberté de conscience, les baptistes affirmèrent que la substance du salut était la même sous les deux alliances : « [...] Tout cela était imparti aussi aux croyants sous la loi, quant à la substance ».

Trente ans avant la publication de la 1689, Henry Lawrence, dans son traité sur le baptême, affirmait l'unité de l'alliance de grâce sous les deux testaments :

> J'avoue qu'il y a certaines choses qui sont équivalentes : la règle de vie était la même qu'aujourd'hui, et le Christ est le même aujourd'hui. C'est lui qui offre le salut aux élus. Par conséquent, ces choses de nature commune peuvent être illustrées et déduites d'un ou de l'autre des deux testaments[37].

---

37. Henry Lawrence, *Of Baptism*, Londres, imprimé par F. Macock, 1659 (1646), p. 83.

Edward Hutchinson, de son côté, citait longuement John Owen dans le but de démontrer l'unité et la continuité de l'Église de l'Ancien au Nouveau Testament. Puisque l'Église est le peuple de l'alliance de grâce et qu'il n'y a qu'un seul peuple de Dieu dans toute la Bible, il faut nécessairement qu'il y ait une seule alliance de grâce avant et après Christ afin de rassembler ce peuple sous la même alliance :

> On ne peut pas dire qu'à la venue du Messie, une Église fut retirée afin qu'une autre prenne sa place ; mais la même Église demeure, formée de ceux qui étaient les enfants d'Abraham selon la foi. L'Église chrétienne n'est pas une autre Église, mais celle-là même qui existait avant la venue de Christ, avec la même foi et concernée par la même alliance[38].

En reprenant à son compte les paroles d'Owen, Hutchinson démontrait que les credobaptistes partageaient la même conviction que les pédobaptistes concernant l'unité de l'alliance de grâce. Cette conviction, les baptistes l'ont eue depuis le commencement. John Spilsbury, qui fut le pasteur de la première Église baptiste calviniste et qui publia le plus ancien traité de théologie d'alliance baptiste, affirme : « L'Église de Dieu dans l'Ancien et le Nouveau Testament ne font qu'une par nature, relativement aux élus de Dieu qui ont été appelés à la foi et unis à Christ par l'Esprit de grâce, comme les sarments au cep[39]. »

Même si les baptistes croyaient à l'unité de l'alliance de grâce comme leurs interlocuteurs et qu'ils désiraient maintenir une unité avec eux, ils rejetèrent le modèle *une alliance sous deux administrations*.

3.2. Le rejet du modèle presbytérien

Les baptistes voyaient une unité de substance dans l'alliance de grâce depuis la Genèse jusqu'à l'Apocalypse, mais ils ne voyaient pas une unité de substance entre l'ancienne et la nouvelle alliance.

---

38. Cité par Edward Hutchinson, *A Treatise Concerning the Covenant and Baptism*, p. 33.
39. John Spilsbury, *A Treatise Concerning the Lawfull Subject of Baptisme*, Londres, imprimé par moi, J. S., 1643, p. 20.

Ils n'acceptaient donc pas l'idée que ces deux alliances soient deux administrations d'une même alliance. Nehemiah Coxe exprime bien cette conviction fondamentale des baptistes : « L'ancienne et la nouvelle alliance diffèrent en substance, et non pas seulement dans leur administration[40] ». En conséquence, la majorité d'entre eux n'appuya pas la théologie d'*une alliance de grâce sous deux administrations*[41]. Le rejet ou l'acceptation de ce modèle d'alliance avait d'importantes implications pour tout le reste de la théologie des alliances. John Owen écrit : « Ainsi, une différence importante émane ici, à savoir si ces alliances sont vraiment distinctes en ce qui concerne leur essence et leur substance, ou est-ce seulement une différente façon de dispenser et d'administrer la même alliance[42] ? » La compréhension de la nature et de la fonction de l'ancienne et de la nouvelle alliance dépendait totalement de cette question.

En comparant les confessions de foi, il devient évident que les baptistes ont complètement rejeté le modèle pédobaptiste de l'alliance de grâce :

---

40. Nehemiah Coxe, *A Discourse of the Covenants*, p. 30.
41. Il est intéressant de noter que John Smyth, qui était à l'origine des baptistes généraux, appuyait la doctrine d'*une alliance de grâce sous deux administrations*. Ce qui indique que les baptistes généraux et les baptistes particuliers n'aboutirent pas au credobaptême par la même démarche ni sur le même fondement théologique. Smyth écrit : « Rappelez-vous qu'il y aura toujours une différence entre l'alliance de grâce et la manière de la dispenser, qui comprend deux aspects : l'administration de l'alliance avant la mort du Christ, que l'on appelle l'Ancien Testament, et l'administration de l'alliance depuis la mort du Christ, que l'on appelle le Nouveau Testament, le royaume des cieux » (*Principles and Inferences concerning the Visible Church*, 1607, cité dans Paul S. Fiddes, *Tracks and Traces, Baptist Identity in Church and Theology*, Eugene, Oreg., Wipf and Stock Publishers, 2003, p. 26). Il nous faut cependant admettre que certains auteurs baptistes calvinistes parlèrent parfois « des administrations de l'alliance de grâce », et certains exprimèrent leur conviction credobaptiste en utilisant le modèle *une alliance sous deux administrations*, mais ce qu'ils entendaient par cette terminologie était généralement différent de la théologie pédobaptiste. Cependant, certains baptistes avaient une version credobaptiste du modèle *une alliance sous deux administrations*.
42. John Owen, *An Exposition of Hebrews 8.6-13*, p. 179.

1689 (7.3)	Savoie (7.5)	Westminster (7.5, 6)
Cette alliance est révélée dans l'Évangile. Tout d'abord à Adam, dans la promesse du salut par la postérité de la femme, et, par la suite, progressivement, jusqu'à sa révélation complète dans le Nouveau Testament. Elle est fondée dans l'alliance-transaction éternelle entre le Père et le Fils concernant la rédemption des élus. Ce n'est que par la grâce de cette alliance que tout membre de la postérité d'Adam déchu a été sauvé et a obtenu la vie et la bienheureuse immortalité, puisque, maintenant, l'homme est complètement incapable d'être accepté par Dieu dans les conditions qui étaient valables pour Adam dans son état d'innocence.	Bien que cette alliance ait été différemment et diversement administrée à l'égard des ordonnances et des institutions au temps de la loi et depuis la venue du Christ, pourtant, en ce qui a trait à la substance et à son efficacité, pour ses fins spirituelles et salvatrices, elle demeure la seule et même alliance. Selon les diverses dispensations auxquelles elle est soumise, elle est soit de l'Ancien ou du Nouveau Testament.	Cette alliance de grâce a été diversement administrée au temps de la loi et à celui de l'Évangile. Sous la loi, elle a eu comme dispositions des promesses, des prophéties, des sacrifices, la circoncision, l'agneau pascal et autres types et ordonnances donnés au peuple juif pour signifier à l'avance le Christ à venir) ; durant ce temps, ces dispositions ont été suffisantes et efficaces, par l'action du Saint-Esprit, pour instruire et édifier les élus dans la foi au Messie promis par lequel ils avaient l'entière rémission de leurs péchés et leur salut éternel. Cette alliance est appelée l'Ancien Testament. Sous l'Évangile, depuis que le Christ, la substance, s'est montré […] l'alliance de grâce est appelée le Nouveau Testament. Ainsi, il n'y a pas deux alliances de grâce dont la substance serait différente, mais une seule et même alliance avec des dispositions diverses.

Il s'agit du passage le plus discordant entre ces trois confessions de foi. Sachant que les baptistes se sont efforcés de suivre autant que possible les standards de Westminster en rédigeant leur confession de foi, l'originalité de leur formulation de l'alliance de grâce est hautement significative. Il est évident que les auteurs de la Confession de 1689 ont totalement évité une formulation évoquant le modèle *une alliance sous deux administrations* qu'on retrouve dans les deux autres confessions de foi. Cette absence doit être interprétée comme un rejet de la théologie derrière cette formule, et non comme un oubli ou un simple effort d'originalité. L'opinion des baptistes concernant le modèle presbytérien de l'alliance de grâce rejoint exactement celle de John Owen, qui l'exprime ainsi : « On peut considérer que l'Écriture fait clairement et expressément mention de deux testaments, ou alliances, et les distingue de sorte qu'on peut difficilement soutenir la notion d'une double administration d'une même alliance[43]. »

3.3. L'affirmation du modèle baptiste

Nous venons de voir ce que n'était pas le fédéralisme baptiste du XVIIe siècle, examinons maintenant ce qu'il était.

3.3.1. *L'alliance de grâce révélée progressivement*

En rejetant la notion d'*une alliance de grâce sous deux administrations*, les baptistes rejetaient en fait seulement la moitié de ce concept : ils acceptaient, comme nous l'avons vu, la notion d'une seule alliance de grâce dans les deux testaments, mais ils refusaient l'idée des deux administrations. Pour les baptistes, il n'y avait qu'une seule alliance de grâce qui fut révélée depuis la chute de manière progressive jusqu'à ce qu'elle soit pleinement révélée et conclue dans la nouvelle alliance. Ce modèle est clairement exprimé au chapitre 7, paragraphe 3, de la Confession de 1689 : « Cette alliance est révélée dans l'Évangile. Tout d'abord à Adam, dans la promesse du salut par

---

43. John Owen, *An Exposition of Hebrews 8.6-13*, p. 186.

la postérité de la femme, et, par la suite, progressivement, jusqu'à sa révélation complète dans le Nouveau Testament. » De prime abord, cette définition ne semble pas radicalement différente de celle des pédobaptistes, puisqu'eux aussi reconnaissaient la révélation progressive de l'alliance de grâce. Cependant, en étudiant la théologie baptiste dans son contexte historique, il devient évident que cette définition de l'alliance de grâce avait un sens très spécifique et fondamentalement différent de la compréhension pédobaptiste.

La première particularité se trouve dans la différence entre la notion d'administration et la notion de révélation. Les baptistes croyaient qu'avant l'arrivée de la nouvelle alliance, l'alliance de grâce ne fut pas donnée formellement, mais uniquement annoncée et promise (révélée). Cette distinction est fondamentale au fédéralisme de la Confession de 1689. Nehemiah Coxe, le protagoniste de cette confession de foi, maintient fermement cette distinction entre la révélation et l'administration :

> Il faut aussi remarquer que, bien que l'alliance de grâce ait été révélée à Adam, nous ne voyons pas de contrat d'alliance formel avec lui, et encore moins que cette alliance de grâce ait été établie avec lui en tant que représentante de qui que ce soit. Mais il obtint cette faveur pour lui seul, par la foi dans la grâce de Dieu qui lui fut révélée, et il doit en être de même pour ceux de sa postérité qui sont sauvés[44].

Cette précision est hautement significative et déterminante pour le fédéralisme baptiste. Pour Coxe, l'alliance de grâce n'était pas conclue lorsque Dieu la révéla à Adam. John Owen explique pourquoi l'alliance de grâce ne pouvait pas être considérée comme une alliance formelle avant l'établissement de la nouvelle alliance, mais qu'elle était confinée au stade de promesse :

---

44. Nehemiah Coxe, *A Discourse of the Covenants*, p. 57. John Ball parla aussi des différents stades de l'alliance de grâce comme promise puis établie, mais il n'appliqua pas à cette nuance les conséquences théologiques que lui appliquèrent les baptistes.

Il manquait *[à l'alliance]* la confirmation et l'instauration solennelles par le sang du seul sacrifice qui en faisait partie. Avant que ce sacrifice ne fût accompli par la mort de Christ, elle n'avait pas le caractère formel d'une alliance ou d'un testament, comme le démontre l'apôtre dans Hébreux 9.15-23. Il démontre en effet que, de même, la loi donnée au Sinaï ne pouvait pas être considérée comme une alliance si elle n'avait pas été confirmée par le sang des sacrifices[45].

La distinction entre la révélation et l'administration de l'alliance de grâce prend tout son sens lorsqu'on ajoute le deuxième élément du fédéralisme baptiste, à savoir la pleine révélation de l'alliance de grâce dans la nouvelle alliance. Si le fédéralisme de Westminster se résume par *une alliance sous deux administrations*, celui de la 1689 se résume par *une alliance révélée progressivement, puis conclue formellement sous la nouvelle alliance*.

3.3.2. L'alliance de grâce pleinement révélée dans la nouvelle alliance

Chez les baptistes, on croyait qu'aucune alliance précédant la nouvelle alliance n'était l'alliance de grâce. Avant l'arrivée de la nouvelle alliance, l'alliance de grâce n'était qu'à l'état de promesse. D'après Benjamin Keach, l'expression « les alliances de la promesse » qu'on retrouve dans Éphésiens 2.12 renvoyait à l'alliance de grâce[46]. La promesse en question était l'alliance de grâce. S'il s'agissait d'une promesse, cela impliquait qu'elle n'était pas encore accomplie et n'était pas encore sous la forme d'un testament ou d'une alliance. Les baptistes croyaient que la nouvelle alliance était l'accomplissement de la promesse ; c'est-à-dire l'accomplissement de l'alliance de grâce. Cette doctrine est exprimée de la manière suivante dans la Confession de 1689 : « Cette alliance est révélée dans l'Évangile. Tout d'abord à Adam [...] et par la suite, progressivement, jusqu'à sa révélation complète dans le Nouveau Testament. »

---

45. John Owen, *An Exposition of Hebrews 8.6-13*, p. 185.
46. Benjamin Keach, *The Display of Glorious Grace*, p. 182.

Le Nouveau Testament apporte la pleine révélation de l'alliance de grâce, puisque la nouvelle alliance en est son accomplissement. Les baptistes considéraient que la nouvelle alliance était l'alliance de grâce, elle seule[47]. Si la nouvelle alliance n'existait pas avant Jésus-Christ, et que l'alliance de grâce existait avant la venue du Messie, cela ne signifie-t-il pas que ces deux alliances sont distinctes ? La nouvelle alliance n'existait pas en tant qu'alliance avant Jésus-Christ, cependant, elle existait bien en tant que promesse (voir Jé 31.31). L'alliance de grâce révélée à Adam, puis à Abraham, était la nouvelle alliance promise. Ainsi, avant Jésus-Christ, la nouvelle alliance n'existait pas, mais l'alliance de grâce, en tant qu'alliance formelle, n'existait pas non plus. John Spilsbury affirmait cette notion : « Encore une fois, elle est appelée *promesse*, et non *alliance*, et nous savons qu'une promesse n'est pas une alliance. Il y a une grande différence entre une promesse et une alliance[48]. » Spilsbury parle de l'alliance de grâce que Dieu révéla à Abraham, et il déclare qu'à ce stade, il ne s'agissait pas encore d'une alliance formelle, mais d'une promesse.

Cette distinction (révélée/conclue) résumait la différence entre l'alliance de grâce dans l'Ancien Testament et l'alliance de grâce dans le Nouveau Testament. Dans l'Ancien, elle fut révélée, dans

---

47. Dans la théologie baptiste, on retrouve une équivalence entre l'alliance de grâce et la nouvelle alliance, et ce, dès la Première confession de foi de Londres, en 1644, où nous lisons, au paragraphe 10 : « Jésus-Christ est devenu le médiateur de la nouvelle alliance de grâce éternelle. » L'expression « la nouvelle alliance de grâce éternelle » comprend à la fois l'alliance de grâce et la nouvelle alliance. Il y a donc une distinction, sans séparation, entre l'alliance de grâce et la nouvelle alliance. John Bunyan employait également de manière interchangeable les expressions « alliance de grâce » et « nouvelle alliance » (voir « The Doctrine of the Law and Grace Unfolded », *The Works of John Bunyan*, Carlisle, Banner of Truth Trust, 1991, volume 1, p. 540 et s.). Notons que les pédobaptistes aussi voyaient une équivalence entre l'alliance de grâce et la nouvelle alliance. Au paragraphe 4, du chapitre 7 de la Confession de Westminster, par exemple : « Cette alliance de grâce est fréquemment désignée dans l'Écriture par le nom de Testament, en référence à la mort de Jésus-Christ. » Cependant, le reste de leur théologie démontre qu'ils envisageaient plutôt la nouvelle alliance comme une administration de l'alliance de grâce, et non comme l'alliance de grâce de manière absolue.
48. John Spilsbury, *A Treatise Concerning the Lawfull Subject of Baptisme*, p. 26.

le Nouveau, elle fut conclue (pleinement révélée selon l'expression de la Confession de 1689). John Owen arrive exactement à cette compréhension en faisant l'exégèse d'Hébreux 8.6 où nous lisons : « Mais maintenant il a obtenu un ministère d'autant supérieur qu'il est le médiateur d'une alliance plus excellente, qui a été établie sur de meilleures promesses. » Owen s'arrête sur le verbe νομοθετέω (établie) pour expliquer la différence entre l'alliance de grâce avant et après Jésus-Christ.

> Le sens du mot νενομοθέτηται est « établi en tant que loi ou ordonnance ». L'obéissance qui est requise, l'adoration qui est exigée, les privilèges qui y sont attachés ainsi que la grâce qui est accordée avec eux sont donnés comme statut, comme loi et ordonnance à l'Église. Afin que ce qui demeurait autrefois caché dans les promesses et dans beaucoup de choses obscures [...] soit maintenant mis en lumière et que cette alliance dont l'efficacité demeurait voilée, sous la forme d'une promesse, derrière les types et préfigurations, soit solennellement scellée, confirmée et ratifiée dans la mort et la résurrection du Christ. *Elle était autrefois confirmée par une promesse, sous forme de serment, elle est maintenant une alliance scellée par le sang.* Cette alliance qui, autrefois, n'avait pas de culte visible et externe est maintenant devenue la seule règle et forme d'adoration pour toute l'Église, de sorte que rien ne soit admis qui ne fasse pas partie de cette alliance. C'est ce que l'apôtre entendait par le terme νενομοθέτηται : « l'établissement légal » de la nouvelle alliance, avec toutes les ordonnances liées au culte. Ceci implique que l'autre alliance était annulée et abandonnée ; et non seulement l'alliance elle-même, mais tout le système de culte par lequel elle était administrée. [...] Quand la nouvelle alliance fut donnée en tant que promesse uniquement, elle était liée à une forme de culte, de rites et de cérémonies, comme un joug qui pesait sur elle sans lui appartenir. Dans ce sens, cette forme de culte ne s'accordait plus avec cette alliance lorsqu'elle fut scellée. Dès lors, le culte de l'Église devait s'identifier et se conformer à cette alliance[49].

---

49. John Owen, *An Exposition of Hebrews 8.6-13*, p. 173-174 (italique ajouté).

Avant l'établissement (νενομοθέτηται) de la nouvelle alliance, l'alliance de grâce n'avait pas de manifestation concrète, de culte ou de cérémonie ; elle n'était pas une alliance, mais une promesse révélée de manière obscure sous des types et des ombres temporaires : « c'était l'ombre des choses à venir, mais le corps est en Christ » (Col 2.17). Avant Christ, l'alliance de grâce fut annoncée, après Christ, elle fut édictée (νενομοθέτηται)[50]. Owen renchérit en disant que l'alliance de grâce, en tant qu'alliance formelle, n'existe que dans la nouvelle alliance. L'alliance de grâce, en ce sens précis, ne fut pas donnée à Adam ni à Abraham : « L'alliance comprise ici n'offrait pas l'entière promesse de la grâce à Adam ni à Abraham. Cette alliance contenait la substance, la matière et une certaine forme de grâce, mais pas sa forme complète en tant qu'alliance[51].» Dieu n'a pas conclu l'alliance de grâce avec Adam pas plus qu'avec Abraham ; il leur a révélé la substance de cette alliance, mais elle ne fut conclue que par Jésus-Christ en son sacrifice. Nehemiah Coxe affirme la même chose : « À la lumière des sages conseils de Dieu, les choses étaient ainsi ordonnées que la pleine révélation de l'alliance de grâce, l'accomplissement réel de ses grandes promesses et l'énonciation de ses propres ordonnances devait succéder à l'alliance faite avec Israël selon la chair[52]». Cette compréhension était radicalement différente de celle de la majorité pédobaptiste du XVIIe siècle.

Benjamin Keach, l'un des principaux théologiens baptistes de la deuxième moitié du XVIIe siècle, entérine cette compréhension de l'alliance de grâce lorsqu'il décrit les quatre séquences de celle-ci : 1. Elle fut d'abord décrétée dans l'éternité passée. 2. Elle fut révélée aux hommes après la chute d'Adam et Ève. 3. Elle fut exécutée et confirmée par Christ en sa mort et sa résurrection. 4. Elle devient

---
50. Jeffrey D. Johnson, après avoir examiné en profondeur les failles du fédéralisme presbytérien, arrive à la même conclusion : « Avant Christ, l'alliance de grâce avait été promise. Après Christ, l'alliance de grâce a été établie » (*The Fatal Flaw of the Theology Behind Infant Baptism*, p. 247).
51. John Owen, *An Exposition of Hebrews 8.6-13*, p. 239.
52. Nehemiah Coxe, *A Discourse of the Covenants*, p. 91.

effective pour ses membres lorsqu'ils sont unis à Christ par la foi[53]. La particularité de cet *ordo salutis* est la distinction entre la révélation et l'exécution de l'alliance de grâce. Ceux qui ont été sauvés avant Christ le furent grâce à un serment, ceux qui l'ont été après lui le furent grâce à une alliance. L'Épître aux Hébreux fait cette distinction lorsqu'elle fait reposer la foi des croyants de l'ancienne alliance sur le serment de Dieu à Abraham (Hé 6.17,18). Cependant, l'assurance des croyants de la nouvelle alliance repose sur un testament qui est l'œuvre achevée du Christ (Hé 7-9). On retrouve également cette distinction dans la relation entre la justification et la justice divine telle qu'exposée dans Romains 3 :

> [25] C'est lui que Dieu a destiné, par son sang, à être, pour ceux qui croiraient, victime propitiatoire, afin de montrer sa justice, parce qu'il avait laissé impunis les péchés commis auparavant, au temps de sa patience, afin, dis-je, [26] de montrer sa justice dans le temps présent, de manière à être juste tout en justifiant celui qui a la foi en Jésus (Ro 3.25,26).

Le temps de la patience de Dieu se situe entre la chute de l'homme et la mort de son Fils ; il s'agit de l'époque où l'alliance de grâce n'était pas formellement conclue dans le sang de Christ. En concluant cette alliance, Dieu a finalement manifesté qu'il est juste, bien qu'il ait justifié des impies, au temps de sa patience, depuis la création du monde.

Un autre passage, celui de Galates, chapitre 3, versets 17 et 18, indique clairement que l'alliance de grâce fut d'abord présentée sous la forme d'une promesse, et non sous celle d'une alliance formelle[54].

---

53. Benjamin Keach, *The Everlasting Covenant*, Londres, imprimé pour H. Barnard, 1693, p. 17. Il est intéressant de noter la correspondance entre l'alliance éternelle de rédemption, l'alliance de grâce et la nouvelle alliance. Nous retrouvons cette même correspondance en 7.3 dans la Confession de 1689.
54. Pourtant, ce passage emploie une terminologie légale pour indiquer qu'un testament fut conclu entre Dieu et Abraham (διαθήκην προκεκυρωμένην □π□ το□ θεο□). Notons qu'à deux reprises, l'apôtre Paul désigne ce testament et cet héritage comme une promesse. Cela indique que l'alliance de grâce fut révélée dans l'alliance abrahamique tout en étant distincte d'elle. L'alliance abrahamique révélait l'alliance de grâce, mais elle n'était pas formellement l'alliance

3.3.3. L'alliance de grâce et l'ancienne alliance

La compréhension baptiste de l'alliance de grâce changeait complètement la façon de voir l'ancienne alliance. Les pédobaptistes envisageaient cette dernière comme une administration formelle de l'alliance de grâce. Cependant, dès l'instant où l'on affirmait qu'il n'y avait aucun établissement formel de l'alliance de grâce avant la nouvelle alliance, on ne pouvait plus voir l'ancienne alliance comme une administration de l'alliance de grâce. Si les baptistes n'envisageaient pas l'ancienne alliance comme une alliance de grâce, comment l'envisageaient-ils ? Nous verrons plus spécifiquement la réponse à cette question dans notre chapitre consacré à l'ancienne alliance. Pour l'instant, nous nous contenterons de souligner que les baptistes voyaient l'ancienne alliance comme une alliance radicalement différente de l'alliance de grâce, une alliance qui, contrairement à la nouvelle alliance, n'offrait pas le salut. À cet effet, la pensée d'Owen correspondait une fois de plus à celle des baptistes :

> Si la réconciliation et le salut en Christ pouvaient être obtenus non seulement sous l'ancienne alliance, mais en vertu de celle-ci, alors cette alliance serait de même substance que la nouvelle. Mais il n'en est pas ainsi, car ni la réconciliation avec Dieu ni le salut ne pouvaient être obtenus en vertu de l'ancienne alliance ou de son administration, comme l'apôtre le démontre [...]

> J'ai donc montré pourquoi l'alliance de grâce est appelée « la nouvelle alliance » étant distincte et opposée. Je désire aussi montrer divers aspects de la nature de la première alliance qui soulignent qu'elle est une alliance distincte, et non seulement une administration de l'alliance de grâce[55].

Thomas Patient exprime la même conviction : « J'en viens maintenant à prouver que l'alliance de la circoncision n'est pas une

---

de grâce. Le texte dit que c'est par la promesse que Dieu donna sa grâce, et non par l'alliance. Nous examinerons ce point plus en détail au chapitre 3.
55. John Owen, *An Exposition of Hebrews 8.6-13*, p. 187-188.

alliance de la vie éternelle[56] ». Selon cette compréhension, personne n'a jamais été sauvé en vertu de l'ancienne alliance, puisque la substance de l'ancienne alliance n'était pas l'alliance de grâce. Nous avons vu précédemment comment la lecture baptiste de l'alliance de grâce (une alliance révélée progressivement, puis conclue formellement sous la nouvelle alliance) était expliquée par l'exégèse d'Hébreux 8.6 : avant la nouvelle alliance, l'alliance de grâce était simplement révélée ; à partir de la nouvelle alliance, elle fut établie (νενομοθέτηται). Ce verbe n'est employé que deux fois dans l'Écriture sainte ; une fois pour parler de la promulgation de l'ancienne alliance (Hé 7.11) et, une seconde fois, pour parler de la promulgation de la nouvelle alliance (Hé 8.6). Ces deux alliances furent édictées (νενομοθέτηται) sur deux fondements complètement différents. La première fut établie (νενομοθέτηται) sur le sacerdoce lévitique avec le sang des boucs et des veaux (Hé 9.18,19), tandis que la seconde fut fondée (νενομοθέτηται) sur un sacerdoce éternel selon l'ordre de Melchisédek et avec le propre sang de Christ (Hé 9.12). Comment deux alliances avec un fondement aussi différent pourraient-elles avoir la même substance ? Si l'ancienne et la nouvelle alliance ont été établies sur des promesses distinctes (Hé 8.6), comment pourraient-elles avoir la même substance ? N'est-ce pas le but même de l'auteur de l'Épître aux Hébreux de démontrer que l'ancienne alliance n'était que l'ombre de la réalité à venir, une alliance typologique, temporaire et terrestre alors que la réalité se trouve dans la nouvelle alliance en Jésus-Christ ? Du moins, c'est ainsi que le pasteur baptiste Edward Hutchinson comprenait cette épître : « Parce que l'ancienne maison, ou l'Église juive n'était pas destinée à durer éternellement, ainsi, au temps de la réforme, la loi devait être changée ; le sacerdoce fut changé, les privilèges et les ordonnances furent changés, la semence fut changée. Oui, l'alliance avait changé[57] ». Nehemiah Coxe limitait la relation entre l'alliance de grâce et l'ancienne alliance de la manière suivante : « La vérité

---

56. Thomas Patient, *The Doctrine of Baptism, And the Distinction of the Covenants*, Londres, imprimé par Henry Hills, 1654. Cette affirmation se trouve au commencement du chapitre 9 de cet ouvrage non paginé.
57. Edward Hutchinson, *A Treatise Concerning the Covenant and Baptism*, p. 40.

est que, en dépit de la relation que cette alliance a avec l'alliance de grâce, elle demeure toutefois distincte de celle-ci[58]. »

Les baptistes n'affirmaient pas pour autant une théologie de tendance socinienne où le salut des croyants de l'Ancien Testament aurait été différent de celui des croyants du Nouveau Testament, du type : un salut par les œuvres opposé à un salut par la foi. Ils ont toujours pris soin de ne pas affirmer une telle chose. Bien qu'ils aient nié l'idée que l'ancienne alliance offrait le salut par grâce, ils ont affirmé que ceux qui furent sauvés sous l'ancienne alliance le furent par la grâce du salut en Jésus-Christ. Cette doctrine est limpide dans la Confession de 1689 :

> Bien que le prix de la rédemption n'ait en fait été payé par le Christ qu'après l'incarnation, les avantages, l'efficace et les bienfaits qui en découlent ont été successivement communiqués aux élus de tous les temps, dès le commencement du monde. Cela s'est fait dans et par des promesses, des types et des sacrifices qui révélaient et signifiaient que le Christ, qui est le même hier, aujourd'hui et éternellement, est la postérité qui écraserait la tête du serpent, et l'Agneau immolé depuis la fondation du monde[59].

Cette doctrine était en harmonie avec le modèle baptiste de l'alliance de grâce. Selon ce modèle, on envisageait une révélation progressive de l'alliance de grâce avant son établissement formel. Cette révélation progressive commença avec Adam, se poursuivit avec Noé, puis avec Abraham et ses descendants. Ainsi, les baptistes pouvaient affirmer que l'ancienne alliance ne donnait pas le salut, tout en affirmant que le salut était donné sous l'ancienne alliance. Cette compréhension se résume ainsi : le salut était donné sous l'ancienne alliance, mais non en vertu de l'ancienne alliance ; il était

---

58. Nehemiah Coxe, *A Discourse of the Covenants*, p. 93
59. Il s'agit du paragraphe 6 du chapitre 8. Ce paragraphe est identique à celui de la Confession de Westminster, ce qui démontre que la divergence entre les fédéralismes presbytérien et baptiste ne se situait pas dans l'unité de l'alliance de grâce comme telle, mais dans la relation de cette unité avec l'ancienne et la nouvelle alliance.

donné à l'époque de l'ancienne alliance, mais non par l'ancienne alliance. Edward Hutchinson écrit :

> Assurément, cette alliance faite avec Abraham et sa postérité, appelée l'alliance de la circoncision ou l'alliance de la loi, n'était pas l'alliance de la vie éternelle et du salut qui fut faite avec les élus en Christ selon la foi [...], bien que la grâce y fut présente, comme dans toutes les alliances que Dieu fit avec les hommes – nous disons qu'il s'agissait d'une alliance distincte appelée l'ancienne alliance, et l'alliance de grâce appelée la nouvelle alliance[60].

L'alliance abrahamique, l'alliance sinaïtique et l'alliance davidique n'étaient pas l'alliance de grâce ni des administrations de celle-ci, cependant, l'alliance de grâce fut révélée sous ces diverses alliances. L'Épître aux Hébreux nous semble sanctionner cette compréhension, en particulier ce passage : « Et c'est pour cela qu'il est le médiateur d'une nouvelle alliance, afin que, la mort étant intervenue pour le rachat des transgressions commises sous la première alliance, ceux qui ont été appelés reçoivent l'héritage éternel qui leur a été promis. » (Hé 9.15)

La première alliance ne rachetait pas les transgressions ; conséquemment, elle n'offrait pas le pardon des péchés. Cependant, les croyants sous cette alliance reçurent néanmoins le pardon de leur péché et l'héritage du salut en Jésus-Christ, et cela est manifeste dans la conjugaison du verbe appeler (κεκλημένοι), au parfait, en grec. Ceux qui ont été appelés avant que Christ ne rachète leurs transgressions reçurent l'héritage éternel, et ceux qui continuent d'être appelés depuis que Christ a racheté leurs transgressions reçoivent également l'héritage promis. Ainsi, tous ceux qui furent sauvés depuis la création du monde le furent en vertu de la nouvelle alliance, qui était effective comme promesse même avant qu'elle ne soit accomplie comme alliance. Owen écrit : « Je considère donc qu'aucun homme ne fut jamais sauvé si ce n'est en vertu de la nouvelle alliance et par la médiation de Christ[61]. »

---

60. Edward Hutchinson, *A Treatise Concerning the Covenant and Baptism*, p. 93.
61. John Owen, *An Exposition of Hebrews 8.6-13*, p. 180.

Au lieu de considérer que la nouvelle alliance fut effective avant d'être conclue, certains pédobaptistes affirmaient que Christ avait également été le médiateur de l'ancienne alliance ; ils justifiaient ainsi l'efficacité de la grâce par cette alliance. C'était le cas de Thomas Blake, qui écrit : « Sous plusieurs aspects, il y a un accord complet entre ces alliances [...] par Jésus-Christ, qui fut le seul médiateur, et même pour ces deux alliances, bien que Moïse porte le nom de médiateur[62] ». Turretin va dans le même sens :

> Bien que Moïse puisse, dans une certaine mesure, être appelé un médiateur dans l'alliance Sinaïtique [...], il ne s'ensuit pas que l'alliance dans laquelle il a été appelé le médiateur était différente de l'alliance de grâce dans laquelle une telle réconciliation est apportée. Il était seulement un médiateur typologique, et non pas le vrai et l'original [...] qui seul possédait toute la puissance et l'efficacité pour la réconciliation des pécheurs, leur délivrance face à la malédiction éternelle et leur accueil à la vie céleste[63].

John Owen s'opposait à cette idée que Christ fut également le médiateur de l'ancienne alliance :

> On dit de l'alliance dont le Seigneur est le médiateur qu'elle est une « alliance meilleure. » Ainsi, on suppose qu'il y avait une autre alliance dont le Christ n'était pas le médiateur. Dans les versets suivants, il y a deux alliances, une première et une deuxième, une ancienne et une nouvelle, comparées l'une à l'autre[64].

Les presbytériens et les baptistes croyaient tous deux que le sacrifice de Christ fut efficace avant d'être offert, cependant, ils envisageaient différemment le rapport de cette efficacité avec l'ancienne alliance. Beaucoup de pédobaptistes considéraient que c'était par l'ancienne alliance que Christ offrait les bienfaits de sa médiation aux croyants qui se trouvaient sous cette alliance, alors que les baptistes affirmaient l'efficacité de la mort de Christ dès la révélation de l'alliance de grâce, mais exclusivement en vertu de la nouvelle

---

62. Thomas Blake, *Vindiciae Foederis*, p. 158.
63. François Turretin, *Institutes of Elenctic Theology*, vol. 2, p. 268.
64. John Owen, *An Exposition of Hebrews 8.6-13*, p. 168.

alliance. Ces deux conceptions étaient très différentes. Selon la conception pédobaptiste, l'œuvre de Christ fut communiquée aux croyants à la fois par l'ancienne et la nouvelle alliance. Par exemple, Herman Witsius, en constatant que les bienfaits de la mort de Christ existaient avant l'arrivée de la nouvelle alliance, niait l'exclusivité néotestamentaire de ces bienfaits, il écrit :

> De la même manière, ils font de *l'écriture de la loi sur leur cœur* une bénédiction propre au Nouveau Testament, parce que dans Hébreux 8.10, les propos rapportés de Jérémie 31.33 se lisent comme suit : « Mais voici l'alliance que je ferai avec la maison d'Israël, après ces jours-là, dit le Seigneur : Je mettrai ma loi au dedans d'eux, je l'écrirai sur leur cœur ; je serai leur Dieu, et eux, ils seront mon peuple. » [...] Si ces mots sont pris tels quels, il s'ensuit que les croyants qui vécurent avant l'époque du Nouveau Testament n'ont pas reçu la loi de Dieu et n'ont pas pris plaisir en elle, mais l'ont oubliée. Mais cette déclaration est des plus fausse, nous n'avons qu'à penser à l'exemple de David [...] Pourquoi cette bénédiction pour laquelle David manifeste tant d'intérêt serait-elle propre au Nouveau Testament[65] ?

À part quelques groupes radicaux comme les sociniens, ceux qui affirmaient l'exclusivité néotestamentaire de la médiation de Christ n'affirmaient pas que les bienfaits de la mort de Christ n'existèrent pas avant le temps de la nouvelle alliance, mais qu'ils n'existèrent qu'en vertu de celle-ci. Ainsi, les croyants qui vécurent avant Christ furent appelés et reçurent l'héritage même si leurs transgressions n'avaient pas encore été rachetées (Hé 9.15)[66].

---

65. Herman Witsius, *The Economy of the Covenants*, vol. 2, p. 335 (italique ajouté).
66. Sur ce point, certains pédobaptistes étaient en rupture avec la pensée de Calvin qui s'apparentait davantage à la compréhension des baptistes. En commentant Hébreux 8.10, Calvin écrit ceci : « On peut se demander s'il y avait sous la loi une promesse de salut qui ait été sure et certaine, si les pères reçurent le don de l'Esprit, s'ils jouirent de la faveur paternelle de Dieu et de la rémission des péchés ? Oui, il est manifeste qu'ils adorèrent Dieu d'un cœur sincère avec une conscience pure et qu'ils marchèrent dans ses commandements, et il n'aurait pu en être ainsi sans qu'ils fussent instruits par l'Esprit en eux ; cela est également mis en évidence par le fait que lorsqu'ils songeaient à leurs péchés, ils étaient remplis de l'assurance de la gratuité du pardon. »

4. RÉSUMÉ

Afin de clarifier notre comparaison du fédéralisme presbytérien et baptiste, voici deux schémas de leur compréhension respective. En guise de résumé, nous expliquerons ces schémas, puis nous terminerons ce chapitre en examinant quelques conséquences de ces deux modèles.

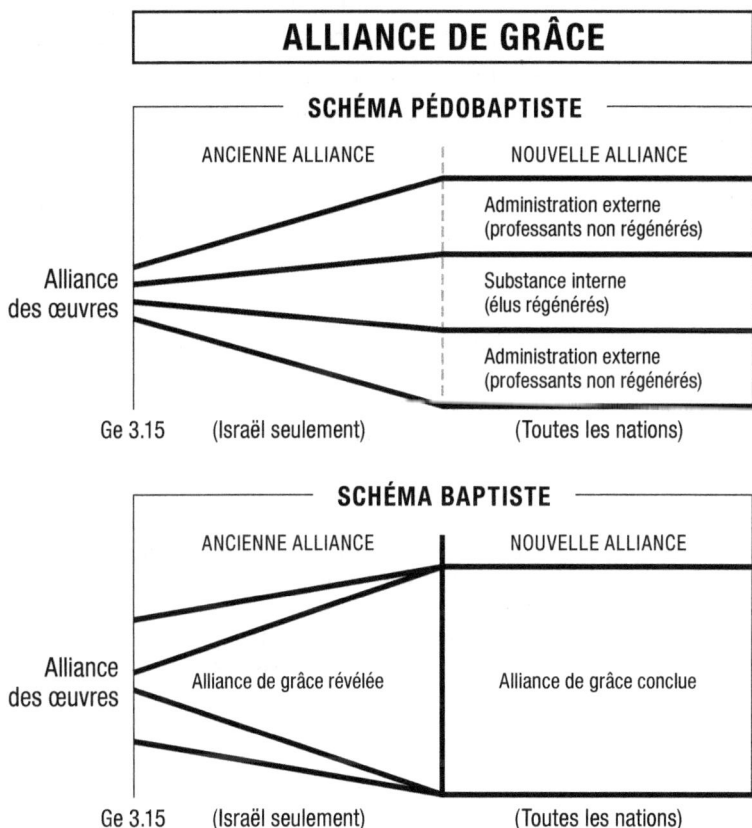

Calvin poursuit en soulevant le problème des prophéties vétérotestamentaires qui annonçaient le pardon des péchés comme une chose à venir, alors que le salut était déjà manifeste. Puis, il répond à cette question en affirmant l'efficacité de la nouvelle alliance avant son établissement : « Il n'y a aucune raison pour laquelle Dieu n'aurait pas étendu la grâce de la nouvelle alliance aux pères. Celà est la véritable solution à cette question. »

Constatons premièrement l'harmonie entre la théologie de Westminster et celle de la 1689. Une première évidence de cette harmonie concerne l'origine prélapsaire de l'alliance des œuvres et le commencement postlapsaire de l'alliance de grâce. Soulignons ensuite que les deux groupes ne voyaient qu'une seule Église ou un seul peuple élu dans les deux testaments. Ainsi, il n'y a pas de dualité entre Israël et l'Église comme dans le dispensationalisme, et il n'y a pas de remplacement d'Israël par l'Église non plus. L'Église existe depuis le commencement de l'alliance de grâce ; la différence entre l'Église de l'Ancien et du Nouveau Testament consiste dans l'étendue des nations à qui l'alliance de grâce fut annoncée, et non dans l'identité de l'Église qui aurait été différente d'un testament à l'autre[67].

67. Nous ne pouvons exagérer l'importance de ce point pour éviter l'échec vers lequel le dialogue entre la théologie réformée et la théologie dispensationaliste a souvent mené. Les dispensationalistes accusent les réformés de faire une théologie de remplacement en donnant à l'Église la place d'Israël, alors qu'Israël devait être permanent. En fait, historiquement, les réformés n'enseignaient pas que l'Église remplaça Israël, mais que les païens joignirent Israël dans l'alliance de grâce au moment où la nouvelle alliance remplaça l'ancienne alliance. Ainsi, les promesses d'alliance perpétuelle entre Israël et Dieu furent non seulement maintenues, mais elles furent accomplies et élargies aux païens. Il ne s'agit donc pas d'un peuple qui remplace un autre peuple, mais d'une alliance qui remplace une autre alliance lorsque les promesses révélées par l'alliance de grâce, depuis Genèse 3.15, se sont accomplies, que l'ancienne alliance a pris fin et qu'un peuple nombreux composé de Juifs et de non-Juifs entra dans la nouvelle alliance.

Il faut refuser l'opposition entre Israël et l'Église et souligner plutôt la dualité entre la portée de l'alliance de grâce, dans l'Ancien Testament (Israël), et la portée de l'alliance de grâce dans le Nouveau Testament (toutes les nations). Les païens ne remplacent pas Israël, mais sont ajoutés comme héritiers des promesses faites à Israël. L'opposition qu'on retrouve dans le Nouveau Testament se situe entre l'ancienne et la nouvelle alliance, et non entre Israël et l'Église, qui est plutôt une opposition artificielle issue du dispensationalisme.

Nous pensons que les presbytériens ont plus de mal à démontrer que le dispensationalisme emploie erronément la discontinuité ou l'opposition entre les testaments, puisque leur propre théologie estompe simplement cette discontinuité et cette opposition, niant ainsi, au moins aux yeux des dispensationalistes, les affirmations bibliques de cette discontinuité (Ro 6.14 ; 2 Co 3 ; Jn 1.17 ; Hé 10.9). L'approche baptiste, quant à elle, permet d'affirmer vigoureusement la continuité de l'alliance de grâce et, par conséquent, la continuité d'une seule Église dans les deux testaments, tout en affirmant, de concert

Une troisième similitude entre ces deux compréhensions se trouve dans la révélation progressive de l'alliance de grâce. Cette notion est illustrée dans les deux schémas par les traits en angle qui partent de Genèse 3.15[68]. On peut noter une dernière similitude : les baptistes et les presbytériens reconnaissaient que sous l'ancienne alliance il y avait des régénérés et des non-régénérés. Dans le schéma pédobaptiste, cette notion est illustrée par une séparation entre ceux qui se trouvaient sous l'administration externe seulement et ceux qui se trouvaient également dans la substance interne de l'alliance de grâce. Dans le schéma baptiste, cette notion de mixité est illustrée par la séparation entre l'ancienne alliance elle-même et l'alliance

avec la Bible et les dispensationalistes, une discontinuité entre l'ancienne et la nouvelle alliance.

Les dispensationalistes, de leur côté, accentuent la discontinuité entre les testaments jusqu'à séparer Israël et l'Église, tout en donnant un statut de peuple de Dieu à Israël en dehors de la nouvelle alliance alors que l'ancienne alliance (l'alliance d'Israël) est abolie. Ils se retrouvent alors dans une impasse théologique : d'une part, ils affirment la cessation du système de l'Ancien Testament sous l'ère de l'Église, d'autre part, ils doivent maintenir la validité permanente de ce système pour justifier la continuité de l'existence d'Israël comme peuple de Dieu. Cette contradiction est l'ambiguïté principale du dispensationalisme : la fin de l'Ancien Testament en même temps que son maintien. Leur solution consiste à séparer Israël de l'Église et de mettre temporairement le premier de côté durant le temps de l'Église tout en lui conservant son statut initial. Cela nous semble une construction artificielle qui ne tient pas compte de l'abolition définitive de l'ancienne alliance sans pour autant que les promesses faites à Israël aient été abolies. Celles-ci se sont accomplies, à la méconnaissance de la majeure partie du peuple juif, en Jésus-Christ, dans la nouvelle alliance, et, bien qu'elles concernent Israël premièrement, elles ne le concernent pas exclusivement, mais s'étendent à toutes les nations. Seule la compréhension baptiste nous semble apporter une solution qui tient compte à la fois de la continuité et de la discontinuité bibliques.

68. Il est à noter que dans les deux schémas, l'ancienne alliance arrive également progressivement et couvre toute la période de l'Ancien Testament, alors que certains pédobaptistes la faisaient débuter avec Moïse. Précisons qu'il s'agit de schémas simplifiés qui ont pour but de démontrer la relation entre l'alliance de grâce et les deux alliances appelées ancienne et nouvelle. Dans le prochain chapitre, nous examinerons dans le détail l'ancienne alliance. Nous examinerons alors spécifiquement l'alliance abrahamique et l'alliance sinaïtique, car, jusqu'à présent, nous avons parlé en termes généraux, en employant l'expression « ancienne alliance » comme couvrant toute la période de l'Ancien Testament.

de grâce révélée sous l'ancienne. Les régénérés se trouvaient à la fois dans l'alliance de grâce et sous l'ancienne alliance, et les non-régénérés se trouvaient sous l'ancienne alliance uniquement. Cette notion de mixité correspond aux données bibliques des deux sortes de postérités en Abraham (voir Ro 9.6-8 ; Ga 4.22-31).

Examinons, dans un deuxième temps, les différences entre les fédéralismes illustrés par ces deux schémas. La première différence notoire est la manifestation de l'alliance de grâce. Du côté pédobaptiste, l'alliance de grâce comprend tout ce qui se trouve après la chute. Elle est établie depuis Genèse 3.15 et concrétisée par deux alliances : ces deux alliances sont l'alliance de grâce. Conséquemment, ces deux alliances sont vues simplement comme des administrations, et non comme des alliances en propre, et c'est la raison pour laquelle ces alliances sont sous l'alliance de grâce dans le schéma, et non l'inverse. Les pointillés démontrent qu'il y a une progression en passant de l'ancienne à la nouvelle alliance, mais pas de rupture. On retrouve donc une étroite continuité entre ces deux administrations, laquelle est illustrée par le maintien des mêmes termes de mixité d'une alliance à l'autre.

Du côté baptiste, on considérait que l'ancienne alliance n'était pas une alliance de grâce ni même une administration de celle-ci. Néanmoins, l'alliance de grâce fut révélée progressivement sous l'ancienne alliance. L'arrivée de la nouvelle alliance marque la pleine révélation de l'alliance de grâce, qui passe de l'état de promesse à l'état d'alliance accomplie et scellée dans le sang. Le schéma baptiste montre l'alliance de grâce qui vient rejoindre la nouvelle alliance sans qu'il y ait de distinction entre elles. Le trait net entre l'ancienne et la nouvelle alliance illustre la discontinuité entre elles et la fin de l'ancienne. Avec l'alliance de grâce cessent également la mixité au sein du peuple de Dieu et l'époque de l'enfance (Ga 4.3) caractérisée par les ombres de la réalité (Col 2.17 ; Hé 8.5 ; 10.1). Cette rupture n'affecte aucunement la continuité de l'alliance de grâce, qui est dorénavant la seule alliance par laquelle Dieu a un peuple, et cette alliance, c'est la nouvelle alliance.

5. QUELQUES COMPARAISONS ENTRE CES DEUX MODÈLES

Comparons brièvement quelques conséquences implicites de ces modèles respectifs. Chacun de ces modèles reposait sur une distinction fondamentale dans l'alliance de grâce : les presbytériens distinguaient entre la substance et l'administration de l'alliance de grâce, tandis que les baptistes distinguaient entre la révélation et l'établissement de l'alliance de grâce. Ces distinctions et ces modèles avaient des conséquences herméneutiques et théologiques.

5.1. Les comparaisons herméneutiques

Selon que l'on adhère au modèle presbytérien ou baptiste de l'alliance de grâce, la méthode d'interprétation de la Bible qui en découlera sera très différente. Examinons brièvement comment chaque modèle influence l'herméneutique biblique.

Les fédéralistes baptistes reprochèrent fréquemment aux pédobaptistes de ne pas laisser l'Écriture définir elle-même les alliances, et d'altérer les alliances en les définissant à l'intérieur de paramètres prédéfinis. Les baptistes insistaient fréquemment pour que l'ancienne et la nouvelle alliance ne soient pas interprétées à l'intérieur du système théologique global de l'alliance de grâce, mais que l'alliance de grâce soit plutôt définie à partir des données bibliques concernant l'ancienne et la nouvelle alliance. Fred Malone résume cet enjeu crucial :

> Au-delà de la définition de base voulant qu'une alliance soit un contrat, un serment, une promesse, chaque alliance doit être définie telle qu'elle est révélée. [...] En résumé, les pédobaptistes classiques voient l'alliance de grâce comme le cadre historique du décret de rédemption. Plus encore, ils pensent que l'alliance de grâce inclut nécessairement une malédiction conditionnelle, puisqu'il s'agissait d'un élément qui se trouvait souvent dans les alliances de l'Ancien Testament. Cet *a priori* les porte à appliquer

ces éléments à la nouvelle alliance, ce qui est une inférence abusive par rapport à ce qui est explicitement énoncé dans les Écritures[69].

Une des règles fondamentales de l'herméneutique réformée consiste à voir l'Écriture comme s'interprétant elle-même. Les baptistes considéraient que le fédéralisme pédobaptiste transgressait cette règle en interprétant les alliances bibliques à partir d'un concept théologique plutôt qu'à partir de la révélation. Cette accusation envers les pédobaptistes était-elle justifiée ? Était-il vrai que ces derniers ne définissaient pas les alliances bibliques sur la base de leurs promesses et de leurs termes respectifs, mais à partir d'*a priori* théologiques ? Il est, en tous les cas, indéniable que les pédobaptistes pratiquaient le pédobaptême sur la base d'une alliance où le baptême n'existait pas[70]. La seule raison qui explique cette herméneutique – douteuse aux yeux des baptistes – est le modèle presbytérien de l'alliance de grâce. Ce modèle avait un impact herméneutique majeur, puisqu'il conduisait à la logique suivante : si l'alliance de grâce fut administrée respectivement par l'ancienne et la nouvelle alliance, ces alliances définissaient la nature

---

69. Fred Malone, *The Baptism of Disciples Alone*, p. 59. L'auteur s'en prend au principe herméneutique à la base du fédéralisme pédobaptiste « good and necessary inference » (déduction bonne et nécessaire) selon lequel il faudrait déduire de l'Ancien Testament la nécessité du pédobaptême, puisque celle-ci n'est pas explicite dans le Nouveau Testament. Le Dr Malone démontre que le pédobaptisme ne respecte pas les règles herméneutiques que les presbytériens cautionnent et que la déduction en cause n'est ni bonne ni nécessaire. Thomas Patient, en 1654, dénonçait cette herméneutique pédobaptiste où la déduction avait priorité sur la révélation explicite : « Car une déduction *[le pédobaptême]* qui s'opposerait à une ordonnance si explicite *[le baptême]* ne peut pas être de Dieu, mais est forcée. Dieu ne peut pas parler de manière contraire à lui-même ou à ses propres commandements » (Thomas Patient, *The Doctrine of Baptism, And the Distinction of the Covenants,* chapitre 5).
70. Les théologiens pédobaptistes n'ont généralement aucun problème à admettre cela. Warfield note : « On ne doit pas chercher la justification du baptême des enfants dans le Nouveau Testament, mais dans l'Ancien Testament. » Louis Berkhof confirme cette pensée : « On remarquera que toutes ces déclarations sont basées sur le commandement de Dieu de circoncire les enfants de l'alliance, car, selon la dernière analyse, c'est ce commandement qui est à la base du baptême des enfants » (cité par Samuel Waldron, dans *A Modern Exposition of the 1689 Baptist Confession of Faith*, p. 350).

et l'essence de l'alliance de grâce. Cette logique explique l'entrelacement de l'Ancien et du Nouveau Testament dans l'herméneutique pédobaptiste. Conséquemment, il n'y a plus aucune raison pour définir les termes et les ordonnances de la nouvelle alliance à partir des éléments qui lui sont propres. C'était pour prémunir les catéchumènes contre ce genre d'herméneutique qu'Edward Hutchinson posait les questions suivantes dans son catéchisme :

Question : *Le baptême n'est-il pas une ordonnance du Nouveau Testament et ne doit-il pas être appuyé par une institution du Nouveau Testament ?*

Réponse : Oui.

Question : *Sur quoi vous basez-vous donc pour le baptême d'enfants ?*

Réponse : Il est dit dans Genèse 17.7 : J'établirai mon alliance entre moi et toi, et tes descendants après toi.

Question : *Y a-t-il quelque chose concernant le baptême dans ce texte ?*

Réponse : Non, mais nous en tirons cette conclusion, puisque, comme Dieu a promis d'être le Dieu d'Abraham et de sa postérité, il en est de même pour tout croyant et sa postérité[71].

En bref, la conséquence herméneutique principale du modèle *une alliance sous deux administrations* est le nivellement et l'amalgame des deux testaments. L'approche pédobaptiste n'utilisait pas le Nouveau Testament comme interprète de l'Ancien ; elle faisait l'inverse. David Kingdon écrit : « Les théologiens de l'alliance appliquent la mauvaise méthode d'exégèse. Au lieu de reconnaître que l'accomplissement des promesses de l'alliance en Christ dans le Nouveau Testament est beaucoup plus riche que leur préfiguration dans l'Ancien Testament, ils confondent entièrement l'une et l'autre[72]. » Donc, les pédobaptistes définissaient l'ancienne et la

---

71. Edward Hutchinson, *Some Short Questions and Answers for the Younger Sort*, Londres, imprimé pour Francis Smith, 1676, sans pagination.
72. David Kingdon, *Children of Abraham*, Sussex, Carey Publications, 1973, p. 6. Samuel Waldron déclare quelle méthode d'herméneutique devrait être

nouvelle alliance sur la base de notions théologiques prédéfinies (exemple : l'ancienne et la nouvelle alliance devaient avoir la même substance afin de préserver l'unité de l'alliance de grâce) plutôt que sur la base d'une exégèse biblique.

La compréhension baptiste de l'alliance de grâce avait aussi un grand impact dans le domaine de l'herméneutique. Si le modèle pédobaptiste ne laissait pas beaucoup de souplesse pour la notion de discontinuité entre les testaments, le modèle baptiste arrivait aisément à conjuguer continuité et discontinuité dans son fédéralisme. Considérant que les particularités théologiques d'un groupe sont généralement déterminées par l'emphase mise sur la continuité ou sur la discontinuité, l'équilibre de l'herméneutique baptiste est particulièrement remarquable et permet d'éviter beaucoup d'écueils.

Ce qui permettait cette souplesse et cet équilibre entre la continuité et la discontinuité était la distinction révélée/conclue dans le modèle baptiste de l'alliance de grâce. Il y a continuité parce que l'alliance de grâce fut révélée dès Genèse 3.15 jusqu'à sa pleine révélation dans le Nouveau Testament, mais il y a également discontinuité parce que l'alliance de grâce n'était pas conclue avant la mort et la résurrection de Christ. Les alliances formelles qui précédèrent cet événement avaient une substance différente ; elle furent donc abolies et remplacées par la nouvelle alliance. En outre, la distinction révélée/conclue de l'alliance de grâce permettait de répondre aux sociniens de leur époque (ou aux dispensationalistes de la nôtre) qui s'appuyaient sur certains textes du Nouveau Testament qui leur semblaient enseigner qu'il fut un temps où le salut par la foi en Christ n'existait pas. Ce texte, par exemple : « Avant que la foi vînt, nous étions enfermés sous la garde de la loi, en vue de la foi qui devait être révélée. » (Ga 3.23) L'herméneutique baptiste permettait de comprendre que ce texte n'enseigne pas deux méthodes parallèles – ou successives – pour obtenir le salut. « Avant que la foi vînt » se réfère à la période où l'Évangile était à l'état de promesse. Lorsque « la foi

---

la bonne : « La révélation normative pour notre compréhension de l'alliance de grâce doit demeurer la nouvelle alliance. » *A Modern Exposition of the 1689 Baptist Confession of Faith*, p. 110.

fut révélée », c'est-à-dire lorsque la promesse fut accomplie, la loi qui devait y conduire, c'est-à-dire l'ancienne alliance, cessa. Ainsi, la continuité de l'alliance de grâce est maintenue en même temps que la discontinuité entre la nouvelle alliance (foi), et l'ancienne alliance (loi) est affirmée.

Un autre texte affirme : « ... la loi a été donnée par Moïse, la grâce et la vérité sont venues par Jésus-Christ » (Jn 1.17). La grâce était-elle absente avant la venue de Jésus-Christ ? (Il faudrait que la vérité l'ait été également.) Encore une fois, la compréhension baptiste de l'alliance de grâce permettait de reconnaître la discontinuité entre Moïse et Jésus-Christ sans nier l'efficacité de la grâce au temps de Moïse[73]. Il en va de même pour les autres textes semblables.

5.2. Les comparaisons théologiques

Il ne peut y avoir de conséquences herméneutiques sans conséquences théologiques. Si le fédéralisme est le point de rupture entre les presbytériens et les baptistes, c'est en considérant les conséquences théologiques que nous constatons où mène cet éloignement mutuel. Nous avons déjà vu un aperçu des particularités théologiques de chaque modèle lors de leur exposition. Nous allons maintenant nous concentrer sur trois questions théologiques : (1) la façon d'entrer dans l'alliance de grâce ; (2) la portée de la grâce dans l'alliance de grâce ; et (3) l'inconditionnalité de l'alliance de grâce. Ces trois questions auraient pu, à elles seules, faire l'objet d'un livre, c'est la raison pour laquelle nous ne pourrons les traiter que succinctement.

5.2.1. La façon d'entrer dans l'alliance de grâce

Nous avons vu que le fédéralisme presbytérien envisage l'alliance de grâce à deux niveaux : sa substance spirituelle et son

---

73. Il est également crucial de faire la distinction entre la loi de Moïse comme alliance, et la loi de Moïse comme commandements. L'alliance de la loi comme terme légal de la relation entre Dieu et Israël fut abolie, mais les commandements de la loi comme règle de conduite sont perpétués dans la nouvelle alliance (Hé 8.10).

administration naturelle. Il ne s'agit pas de deux alliances, mais de deux réalités à l'intérieur d'une même alliance. Cette distinction permettait aux presbytériens d'affirmer que l'alliance de grâce contenait à la fois des croyants régénérés (substance spirituelle interne) et des professants non régénérés (administration naturelle externe). Le pédobaptisme requiert cette mixité, puisque celle-ci justifie l'incorporation de la postérité des croyants à l'alliance. En séparant la substance interne et l'administration externe de l'alliance de grâce, on se retrouve avec deux catégories de personnes dans une même alliance : des sauvés et des non-sauvés. Conséquemment, pour les presbytériens, il y avait deux façons d'entrer dans l'alliance de grâce : on y entrait par naissance ou par nouvelle naissance.

Les pédobaptistes affirmaient que l'alliance de grâce fut établie avec les élus et qu'on y entre par la foi en Christ. Witsius écrit : « L'alliance de grâce est une entente ou un accord entre Dieu et le pécheur élu[74] ». Même affirmation du côté de Turretin : « Il est entré dans une alliance double avec les hommes [...] Par la dernière *[l'alliance de grâce]*, il promet la sécurité au croyant en et par Christ [...] Cette dernière fut conclue avec les élus en Christ après la chute[75]. » Cependant, les pédobaptistes ne limitaient pas l'alliance de grâce de manière absolue aux élus ; ils y incorporaient également la postérité des croyants. Conséquemment, la repentance et la foi n'étaient pas vues comme absolument nécessaires pour entrer dans l'alliance. Ames écrit à ce sujet :

> La foi et la repentance ne font pas plus partie de l'alliance de Dieu aujourd'hui qu'à l'époque d'Abraham, le père des fidèles. Ainsi, l'absence de ces critères ne doit pas empêcher les enfants d'être baptisés, pas plus que cela les empêchait d'être circoncis autrefois[76].

Edward Hutchinson, un baptiste, releva cette particularité du fédéralisme presbytérien, à savoir que cette compréhension de

---

74. Herman Witsius, *The Economy of the Covenants*, vol. 1, p. 165.
75. François Turretin, *Intitutes of Elenctic Theology*, vol. 2, p. 174.
76. William Ames, *The Marrow of Theology*, p. 211.

l'alliance de grâce conduisait forcément à reconnaître deux façons opposées (chair par rapport à esprit) d'entrer dans l'alliance :

> Ainsi, il semble y avoir deux façons d'entrer dans l'alliance de grâce, l'une en tant qu'enfant biologique d'un croyant, l'autre par la foi réelle. Cela est ridicule, puisqu'il est impossible de prendre part à l'alliance de grâce autrement que par l'élection de Dieu et la foi réelle de la part de l'homme[77].

Bien sûr, pour les baptistes, il n'y avait qu'une seule façon d'entrer dans l'alliance de grâce : par la foi. Cette notion allait de pair avec leur vision de l'alliance de grâce : révélée progressivement avant d'être conclue. Parce qu'ils envisageaient l'alliance de grâce comme une promesse annoncée (Ép 2.12), puis accomplie, les baptistes considéraient que la foi était la seule façon de recevoir une promesse. John Spilsbury écrit :

> Troisièmement, ceux qui prennent véritablement part à l'alliance sont seulement ceux qui croient, car Dieu n'en accepte aucun dans l'alliance autrement que par Christ, mais aucun en Christ sans la foi. Non, personne ne peut avoir une relation et une communion avec Dieu à moins qu'il ne croie [...]
>
> Le quatrième et dernier point est ceci. Maintenant que tous sont dans le temps de l'Évangile, n'ont-ils pas une seule et même façon d'entrer dans ladite alliance ?
>
> Pour répondre à cette question, la sainte Parole de Dieu doit être le juge, et je crois que l'Évangile du Christ n'accepte, dans la sainte alliance de grâce de notre Seigneur, que ceux qui croient, elle n'en admet aucun selon leur style de vie, mais seulement ceux qui sont en Christ par la foi. Ainsi donc, il n'y a aucun autre moyen d'entrer dans l'alliance de grâce et de salut (comme le révèlent les Écritures) autrement que par Jésus-Christ[78].

---

77. Edward Hutchinson, *Animadversions Upon a Late Book, Intituled, Infant Baptism From Heaven and not of Men, In Answer to Mr. Henry Danvers his Treatise of Baptism*, p. 28.
78. John Spilsbury, *A Treatise Concerning the Lawfull Subject of Baptisme*, p. 9.

Pour les baptistes, seule la foi constituait une entrée valide dans l'alliance de grâce. Ils ne considéraient pas simplement que l'alliance de grâce était conclue avec les élus, mais avec les élus convertis. John Bunyan, dans un discours sur la loi et la grâce, posait la question suivante : « Comment ceux-ci, *[les élus]*, sont-ils amenés dans cette alliance de grâce éternelle[79] ? » Dans les pages qui suivent, il explique que c'est par la conversion que nous entrons dans l'alliance de grâce, et non par l'élection. Sur cette base, les baptistes pratiquaient le baptême et l'ecclésiologie de croyants seulement. Inversement, c'est parce qu'ils voyaient deux façons d'entrer dans l'alliance de grâce que les pédobaptistes pratiquaient le baptême et l'ecclésiologie de croyants avec leur postérité. Cette notion est clairement établie dans la Confession de Westminster. Au chapitre 25, l'Église est envisagée sous deux réalités différentes : comme entité invisible et comme entité visible. Ces deux notions correspondent respectivement aux deux façons d'entrer dans l'alliance de grâce et aux deux niveaux de cette même alliance, c'est-à-dire sa substance spirituelle interne et son administration naturelle externe.

> I. L'Église catholique ou universelle, qui est invisible, comprend la totalité des élus : ceux qui ont été, sont et seront rassemblés dans l'unité, sous Christ, leur chef. Elle est l'épouse, le corps et la plénitude de celui qui remplit tout en tous.
>
> II. L'Église visible, qui est elle aussi catholique ou universelle sous l'Évangile (non plus limitée à une seule nation comme auparavant sous la loi), comprend tous ceux qui, dans le monde entier, professent la vraie religion, ainsi que leurs enfants ; elle est le royaume du Seigneur Jésus-Christ, la maison et la famille de Dieu, hors desquels il n'y a pas de possibilité normale de salut.

L'ecclésiologie baptiste, parce qu'elle reposait sur un fédéralisme différent, rejeta la notion presbytérienne d'Église visible constituée des croyants et de leur postérité. Les baptistes ont conservé le paragraphe 1 tel quel tout en rejetant le paragraphe 2. Autrement dit, les baptistes entérinaient la notion d'Église invisible

---

79. John Bunyan, *The Doctrine of the Law and Grace Unfolded*, p. 541.

composée de tous les élus, mais, pour eux, l'alliance de grâce n'était composée que d'élus appelés. En fait, elle ne possédait pas une administration externe dans laquelle se trouveraient des non-élus. C'est pourquoi ils ont remplacé le paragraphe 2, sur l'Église visible, par celui-ci :

> Tous ceux qui, dans le monde entier, professent la foi de l'Évangile et l'obéissance à Dieu par Christ, et qui y sont conformes, qui ne détruisent pas leur propre profession par des erreurs, qui n'en subvertissent pas le fondement par une conduite profane, sont et peuvent être nommés des saints visibles ; les congrégations particulières sont constituées de telles personnes (1689, 26.2).

Seule la foi authentique, selon les baptistes, permet d'entrer dans l'alliance de grâce. Par conséquent, seuls ceux dont la profession de foi est crédible devraient composer l'Église visible (qui n'était pas envisagée universellement ou nationalement chez les baptistes, mais localement).

Ce litige sur la façon d'entrer dans l'alliance de grâce s'appliquait également au baptême : les pédobaptistes baptisaient sur la base de la nouvelle naissance et de la naissance naturelle, tandis que les baptistes pratiquaient le baptême sur la base de la nouvelle naissance uniquement. Nous pensons qu'il était cependant arbitraire de la part des pédobaptistes de relier le baptême non pas à la substance interne, mais à l'administration externe de l'alliance de grâce, puisque le baptême symbolise l'union dans la mort et la résurrection de Christ (substance spirituelle par excellence de l'alliance de grâce). Henry Lawrence leur fit un reproche semblable : « Puisque nous prétendons être les enfants d'Abraham par la foi, et non par génération naturelle, nous ne pouvons pas bénéficier des ordonnances par génération naturelle comme ils le firent[80]. » Les pédobaptistes ne prétendaient pas être dans l'alliance de grâce en étant les descendants naturels d'Abraham, mais en étant ses descendants spirituels ; par contre, ils pratiquaient une ordonnance spirituelle (le baptême) sur la base de la génération naturelle. Un

---

80. Henry Lawrence, *Of Baptism*, p. 93.

peu plus loin, après avoir fait la démonstration que même les descendants naturels d'Abraham n'avaient pas droit à cette ordonnance sur la base de leur descendance naturelle, mais uniquement sur la base de leur repentance (voir Mt 3.7-9), Lawrence conclut : « Si la descendance naturelle d'Abraham ne pouvait pas bénéficier des ordonnances du Nouveau Testament, il est évident que la descendance adoptée n'y a aucun droit par filiation naturelle[81] ».

Résumons : les pédobaptistes n'auraient pas baptisé des enfants à moins de croire que ceux-ci avaient une part dans l'alliance de grâce. Les baptistes n'auraient pas baptisé que des croyants seulement à moins de croire qu'eux seuls étaient dans l'alliance de grâce. Les pédobaptistes croyaient que les chrétiens et leur postérité étaient dans l'alliance parce qu'ils envisageaient deux niveaux dans l'alliance de grâce (interne et externe), chacun de ces niveaux ayant sa propre porte d'entrée : une entrée naturelle et une entrée spirituelle. Les baptistes croyaient que seulement les élus régénérés étaient dans l'alliance parce qu'ils n'envisageaient qu'un seul niveau à l'alliance de grâce dans lequel on entre par la foi seulement.

5.2.2. La portée et l'efficacité de la grâce dans l'alliance de grâce

La deuxième conséquence théologique du fédéralisme concerne la portée et l'efficacité de la grâce dans l'alliance de grâce. Pour les baptistes, être dans l'alliance de grâce signifiait jouir du salut par grâce et de tous les privilèges qui s'y rattachent. Pour les presbytériens, être dans l'alliance de grâce ne signifiait pas nécessairement avoir la vie éternelle. Il y avait, entre ces deux groupes, une divergence fondamentale concernant la relation entre le salut lui-même et l'alliance de grâce. Pour pouvoir affirmer que tous les membres de l'alliance de grâce étaient des élus régénérés, les baptistes ne pouvaient séparer cette alliance de grâce du salut. Pour pouvoir affirmer que cette alliance contenait des sauvés et des perdus, les

---

81. *Ibid.*, p. 107.

pédobaptistes devaient la séparer du salut. John Spilsbury reprochait d'ailleurs cette séparation aux presbytériens, comme si l'on pouvait avoir l'un sans l'autre :

> Si quelqu'un déclare que le royaume dont parle Christ est un royaume de gloire, et non de grâce, en excluant ainsi certains de l'un et non pas de l'autre, la réponse est que nulle part dans l'Évangile on lit que certains seraient exclus du royaume de gloire, mais néanmoins admis dans le royaume de grâce. En ce sens, selon le décret de Dieu, la porte du royaume de grâce ne serait pas plus large que la porte du royaume de gloire[82].

Selon Spilsbury et ses coreligionnaires, les membres de l'alliance de grâce ne pouvaient pas ne pas aboutir dans la gloire éternelle. Entrer dans l'alliance de grâce, c'était entrer dans l'Évangile de la gloire, dans le royaume de Christ. Bien entendu, le modèle pédobaptiste de l'alliance de grâce présentait les choses autrement. Être dans l'alliance de grâce ne signifiait pas être héritier du salut éternel *de facto*. En séparant la substance de son administration, les presbytériens ne considéraient pas que tous les membres de l'alliance de grâce étaient sauvés ; seuls les élus l'étaient. Puisque l'appartenance à l'alliance de grâce déterminait l'appartenance à l'Église, cette dernière était nécessairement composée de non-élus[83]. Bien entendu, les baptistes reconnaissaient que tous les membres de l'Église visible ne sont pas des élus (voir la Confession de 1689, 26.3). Mais les membres non élus étaient simplement considérés par erreur comme faisant partie de l'Église selon la perspective faillible de l'homme[84]. Les non-élus ne faisaient pas

---

82. John Spilsbury, *A Treatise Concerning the Lawfull Subject of Baptisme*, p. 30.
83. C'est exactement ce que Herman Witsius affirme en prenant bien soin de dire que Christ n'est pas mort pour l'Église, mais pour les élus seulement : « Lorsque Paul déclare que Christ a racheté son Église avec son propre sang (Ac 20.28), il précise ce qu'il veut dire dans son Épître aux Éphésiens (5.25). Ce qu'il signifie par « l'Église », c'est celle que Christ a aimée et pour laquelle il a donné sa vie [...] Mais cet amour de Christ [...] appartient uniquement aux croyants élus » (*The Economy of the Covenants*, vol. 1, p. 266).
84. Il s'agit simplement de la conception traditionnelle d'Église visible et invisible comme représentant une différence du point de vue de l'homme et de Dieu,

partie de l'alliance de grâce (1 Jn 2.3). Par contre, les presbytériens reconnaissaient *de jure* à des non-élus un statut de membres visibles sur la base de la nature mixte de l'alliance de grâce. Toutes les particularités de ce fédéralisme sont présentes dans ce paragraphe où John Ball explique les deux catégories de personnes qui sont dans l'alliance de grâce, c'est-à-dire dans l'Église :

> Parmi ces hommes, on distingue deux groupes, car Dieu a fait une alliance externe avec certains d'entre eux en les appelant par sa Parole et en les scellant par ses sacrements. C'est par la profession de leur foi et la réception des sacrements qu'ils se soumettent à la condition requise. Ainsi, tous les membres de l'Église visible font partie de l'alliance. Avec le deuxième groupe d'hommes, Dieu a fait une alliance efficace en écrivant sa loi dans leurs cœurs par son Saint-Esprit. Ils se soumettent librement et de tout leur cœur au Seigneur, et cela en toutes choses afin d'être dirigés et guidés par lui. Ainsi, Dieu a fait une alliance seulement avec les hommes fidèles. Le premier groupe est le peuple de Dieu de manière externe [...] et se rapporte à l'administration externe *[de l'alliance]*. Le second groupe est le peuple de Dieu interne ou secret qui est distinctement et véritablement connu du Seigneur[85].

Witsius formulait cette même doctrine en distinguant entre l'alliance de grâce et ses deux testaments. Le salut appartiendrait à l'essence de l'alliance de grâce, mais pas à ses administrations : « La promesse du salut en Christ, qu'elle ait été faite autrefois à nos pères ou qu'elle nous soit faite aujourd'hui, n'appartient ni à l'Ancien ni au Nouveau Testament, mais sans contredit au testament

---

et non deux Églises distinctes. James Ussher note : « Devons-nous considérer comme membres de cette Église *[visible]* d'autres que ceux qui sont de vrais croyants, lesquels sont inséparablement unis au Christ, leur chef ? Nous ne devons en considérer aucun autre vraiment et proprement » (voir 1 Jean 2.19). Mais, certains sont, « d'après le jugement humain, considérés comme membres de la vraie Église et saints par appel (1 Co 1.1) jusqu'à ce que le Seigneur *[qui seul connait qui sont les siens]* révèle le contraire... » (voir James Ussher, *Body of Divinity, or the Somme and Substance of Christian Religion*, Londres, imprimé par M. F., 1645, p. 396).

85. John Ball, *A Treatise of the Covenant of Grace*, p. 202-203.

ou à l'alliance de grâce[86].» Tous les presbytériens séparaient le salut et l'alliance de grâce sur la base de la distinction substance-spirituelle-interne/administration-naturelle-externe, et il en est encore ainsi aujourd'hui. Cette compréhension soulevait une question importante : quel était le bénéfice de ceux qui étaient dans l'alliance de grâce sans bénéficier du salut ? Généralement, les pédobaptistes indiquaient que les privilèges des membres non sauvés de l'alliance de grâce consistaient dans les bénédictions d'appartenir à l'Église visible. Par exemple, Samuel Petto écrit : « Quant aux avantages, ils sont nombreux, puisqu'une alliance est un état qui se caractérise par une plus grande proximité de Dieu[87] ». Thomas Blake admettait qu'un tel statut n'opérait aucun changement intérieur dans l'homme : « L'alliance entre Dieu et l'homme [...] est une alliance d'admission visible seulement, elle ne requiert aucun changement intérieur, elle n'a pas d'impact sur l'âme[88]. » Un peu plus loin, il affirme qu'un tel statut était néanmoins une bénédiction : « Les hommes amenés à faire partie de l'Église visible sont exposés à une lumière merveilleuse[89]. » Ce qui était fondamental, néanmoins, était que l'on concevait toutes les bénédictions de l'alliance de grâce comme découlant directement de la médiation de Christ. Il était donc possible de jouir de la médiation de Christ sans être sauvé, de jouir partiellement des effets de sa rédemption. John Ball écrit :

Ce qui caractérise tous les membres de l'Église visible est qu'ils ont été convoqués par la Parole ; ils prennent plaisir aux ordonnances de grâce, vivent sous l'alliance et prennent part à quelques grâces venant du Christ (qui n'a pas encore effacé leurs fautes) : en ce sens, Christ est mort pour tous ceux qui sont sous l'alliance[90].

---

86. Herman Witsius, *The Economy of the Covenants*, vol. 1, p. 308.
87. Samuel Petto, *Infant Baptism of Christ's Appointment*, Londres, imprimé pour Edward Giles, 1687, p. 66.
88. Thomas Blake, *Vindiciae Foederis*, p. 193.
89. *Ibid.*, p. 203.
90. John Ball, *A Treatise of the Covenant of Grace*, p. 206. Herman Witsius niait cependant que Christ s'était engagé pour l'Église visible de manière générale ; il écrit : « Il s'est engagé et il a payé pour ceux, et seulement ceux, qui sont

Cette façon de limiter la médiation de Christ à l'intérieur de l'alliance de grâce nous apparaît hautement problématique. Les presbytériens envisageaient la portée et l'efficacité de la grâce de manière restreinte parce qu'ils devaient maintenir une caractéristique essentielle de leur ecclésiologie : la mixité du peuple de l'alliance. Ils devaient donc comprendre la médiation de Christ de manière à inclure des « inconvertis » parmi leur peuple. L'efficacité de la grâce du salut ne pouvait donc s'étendre exhaustivement au peuple de l'alliance même si tout le peuple avait Christ pour médiateur. Pour justifier la mixité de l'Église, les pédobaptistes devaient restreindre l'efficacité de la grâce à l'intérieur de l'alliance. Le modèle *une alliance sous deux administrations* avait donc une conséquence directe sur la doctrine de l'expiation.

Les baptistes comparaient cette efficacité restreinte de la mort de Christ à une sorte d'arminianisme limité. L'arminianisme étendait la portée de la mort de Christ à tous les êtres humains, mais limitait son efficacité aux croyants. Le fédéralisme presbytérien étendait la portée de la mort de Christ à tous les membres de l'alliance, mais limitait son efficacité salvifique aux élus. Ainsi, le fédéralisme presbytérien se comparait à l'arminianisme, mais limité à l'alliance de grâce. Fred Malone est aussi de cet avis lorsqu'il écrit :

> Un autre problème avec la position pédobaptiste en ce qui concerne le fait que tous les enfants des croyants font partie de la nouvelle alliance est que cette idée s'oppose à la doctrine de la rédemption particulière. Tout membre de la nouvelle alliance possède Jésus-Christ comme médiateur efficace (Mt 1.21). Comme Ridderbos l'écrit : « Les gens formant le peuple de Dieu sont ceux pour qui le Christ a versé son sang, le sang de l'alliance. Ils prennent part à la rémission des péchés offerte par Christ ainsi qu'à la communion inaltérable avec Dieu par la

---

réellement sauvés de leurs péchés » (*The Economy of the Covenants*, vol. 1, p. 255-256 ; voir aussi p. 265, XXII). Witsius comprenait le danger d'étendre la médiation de Christ aux non-sauvés de l'Église visible ; cependant, il n'explique malheureusement pas comment ceux-ci bénéficiaient de la grâce de l'alliance de grâce.

nouvelle alliance qu'il a rendue possible. » Le fait de considérer les enfants non régénérés comme étant le « peuple de Dieu » ainsi que des membres de la nouvelle alliance pour qui le Christ a versé son sang contredit la rédemption personnelle simplement parce que personne ne peut être dans la nouvelle alliance sans le sacrifice efficace du médiateur, qui établit l'alliance avec tous les membres[91].

Bien avant le Dr Malone, le Dr Owen s'en était pris à cette faille du fédéralisme presbytérien dans son fameux *The Death of Death in the Death of Christ*. Contre la conception arminienne de la rédemption, il écrit :

> On peut tirer le premier argument de la nature de l'alliance de grâce qui fut établie, ratifiée et confirmée par la mort de Christ : c'était le testament dont il était le testateur et qui fut ratifié par sa mort. C'est pourquoi son sang est appelé « le sang de la nouvelle alliance » (Mt 26.28). On ne peut pas en étendre les bienfaits au-delà de la portée de cette alliance. Elle ne fut pas conclue avec tous universellement, mais avec ceux, en particulier, qui étaient destinés à bénéficier de la mort de Christ [...]

> Voici la différence principale entre l'ancienne alliance des œuvres et la nouvelle alliance de grâce : dans l'ancienne, le Seigneur a exigé l'accomplissement de la condition prescrite, mais, dans la nouvelle, il a promis de la rendre efficace pour tous ceux avec qui il l'avait conclue. En vérité, sans cette efficacité spirituelle, la nouvelle alliance serait aussi faible et inutile que l'ancienne quant à son but (nous rapprocher et nous attacher à Dieu) [...] Voici donc la différence essentielle entre ces deux alliances : dans l'ancienne, le Seigneur imposait une condition ; maintenant, dans la nouvelle, il l'accomplit dans tous les membres de cette alliance. Si le Seigneur exigeait l'obéissance requise par l'alliance sans agir en nous afin de l'accomplir, la nouvelle alliance ne ferait que mettre en évidence notre misère ; elle ne serait en aucun cas un moyen de communiquer la grâce et la miséricorde. Si telle est la nature de la nouvelle alliance,

---

91. Fred Malone, *The Baptism of Disciples Alone*, p. 95-96.

selon ce que nous lisons dans tout le Nouveau Testament, ce qui est abondamment prouvé et accompli dans ses membres, alors une personne ne fait pas partie de cette alliance si ces conditions ne sont pas accomplies en elle[92].

Owen répète la même théologie dans son exposition de l'Épître aux Hébreux :

> La nouvelle alliance est conclue seulement avec ceux qui sont devenus effectivement participants à la grâce. « Voici l'alliance que je ferai avec eux [...] Je pardonnerai leurs iniquités... » Ceux avec qui l'ancienne alliance avait été conclue ont joui de ses bienfaits, et s'il n'en allait pas de même avec les membres de la nouvelle alliance, elle serait inférieure à l'ancienne quant à son efficacité. Le fait que l'appel à entrer dans l'alliance soit indéfini ne prouve pas que l'alliance soit conclue avec qui que ce soit qui ne jouirait pas de ses bienfaits. *Voici, en effet, ce qu'il y a d'excellent dans cette alliance : elle communique efficacement la grâce et la miséricorde à tous ceux avec qui elle est conclue, et chacun d'eux reçoit le pardon des péchés*[93].

En lisant ces lignes, on se demande sur quelle base Owen pratiquait le baptême d'enfants. D'abord, il est évident qu'il faisait une distinction radicale entre l'ancienne et la nouvelle alliance, et leur nature respective. Owen considérait que l'ancienne alliance était efficace chez tous ses membres sans que tous soient néanmoins sauvés, puisque, comme il l'affirme explicitement ailleurs, cette alliance ne donnait pas le salut. La nouvelle alliance devait également être efficace chez tous ses membres, autrement, elle aurait été moins efficace que l'ancienne. Cependant, en donnant le salut, la nouvelle alliance le donnait à tous ses membres. Nous voyons aussi que le prince des puritains rejetait la mixité de l'alliance de grâce, car il ne pouvait concevoir que Christ soit mort pour des membres de l'alliance qui n'étaient pas sauvés. D'après la conception d'Owen,

---

92. John Owen, « The Death of Death in the Death of Christ », *The Works of John Owen,* vol. 10, Carlisle, The Banner of Truth Trust, 1968 (1647), p. 236-237.
93. John Owen, *An Exposition of Hebrews 8.6-13*, p. 303 (italique ajouté).

on ne peut bénéficier partiellement de la mort de Christ ; celle-ci est pleinement efficace pour la totalité des membres de l'alliance. Si quelqu'un ne bénéficie pas de la grâce salvifique de l'alliance de grâce, il ne fait tout simplement pas partie de l'alliance de grâce. Les baptistes avaient la même compréhension. La portée de la grâce sous l'alliance de grâce devait s'étendre à tous les membres. Le fils de Benjamin Coxe écrit :

> La somme de toutes les bénédictions de l'Évangile est contenue dans cette promesse *[la promesse de Dieu à Abraham]*. Il s'ensuit que les véritables héritiers de ces bénédictions promises à Abraham jouissent de toutes les promesses de la nouvelle alliance. Ceci est vrai, non de façon limitée ou sous certaines conditions, mais entièrement et sûrement selon la grâce infinie, la sagesse, la puissance et la fidélité de Dieu. Ainsi, chacun les reçoit en son temps. Cela devient plus évident lorsqu'on considère que tous les bienfaits de cette alliance se répandent chez les croyants par leur union avec le Seigneur Jésus-Christ, qui est à la fois le chef et le fondement de la nouvelle alliance, ainsi que la fontaine de laquelle découlent toutes ces bénédictions. *Puisque ces bienfaits ont été entièrement acquis par lui, ils s'appliquent à tous ceux qui sont en lui, et à aucun autre.*

C'est pourquoi le fait de limiter les bénéfices de la nouvelle alliance à des privilèges externes et temporaires me semble totalement inconsistant avec les promesses de l'alliance elle-même (voir Ésaïe 54.13 ; 59.21 ; Jérémie 31.33,34 ; Ézéchiel 36.26,27 ; Hébreux 8 ; et d'autres textes). Aucun de ces textes ne permet de soutenir le pédobaptême[94].

Du point de vue baptiste, une Église mixte, où certains jouissent du salut et d'autres, de bénédictions partielles, altérait la nature spirituelle de l'alliance entre Christ et son Église, et profanait la nature et l'efficacité de l'œuvre de Christ. Spilsbury écrit : « C'est un outrage et une blessure grave pour le Christ, l'époux de

---

94. Nehemiah Coxe, *A Discourse of the Covenants*, p. 81 (italique ajouté).

l'Église, son épouse sainte, que de lui imposer une épouse naturelle *[et non spirituelle seulement]*[95] ».

Concernant les apostats, que les pédobaptistes voyaient comme des transgresseurs de l'alliance, les baptistes considéraient qu'ils n'avaient simplement jamais été membres de l'alliance (voir 1 Jn 2.19).

5.2.3. *L'inconditionnalité de l'alliance de grâce*

Ces deux conceptions différentes de l'alliance de grâce avaient un impact direct sur la façon d'envisager la conditionnalité ou l'inconditionnalité de cette même alliance. Le fédéralisme baptiste affirmait nettement l'inconditionnalité de l'alliance de grâce[96]. En la limitant aux seuls élus régénérés, les baptistes pouvaient sans difficulté affirmer qu'elle était absolument inconditionnelle.

Du côté presbytérien, plusieurs affirmaient aussi l'inconditionnalité de l'alliance de grâce[97]. Comment, cependant, une alliance dont on pouvait déchoir pouvait-elle être inconditionnelle ? Cela constituait un paradoxe important dans le fédéralisme presbytérien. Par exemple, Peter Bulkeley affirmait que l'on pouvait pécher contre l'alliance de grâce de manière à la transgresser et à la rendre nulle[98]. Cependant, il écrit un peu plus loin : « Celui qui est sous l'alliance des œuvres reçoit ce que cette alliance apporte. Il peut aussi se placer sous l'alliance de grâce, mais celui qui vient sous l'alliance de grâce ne peut jamais plus retourner sous l'alliance des

---

95. John Spilsbury, *A Treatise Concerning the Lawfull Subject of Baptisme*, p. 25.
96. Voir Keach, *The Display of Glorious Grace*, p. 173 ; *The Everlasting Covenant*, p. 34. Patient, *The Doctrine of Baptism, And the Distinction of the Covenants*, chapitres 7 et 9. Owen, *An Exposition of Hebrews 8.6-13*, p. 259 et s. Bunyan, *The Doctrine of the Law and Grace Unfolded*, p. 524, 534.
97. Voir François Turretin, *Institutes of Elenctic Theology*, vol. 2, p. 184 et s. Il s'agit de la troisième question de son douzième sujet (l'alliance de grâce) : « Est-ce que l'alliance de grâce est conditionnelle et quelles sont ses conditions ? »
98. Voir Peter Bulkeley, *The Gospel Covenant ; or The Covenant of Grace Opened*, p. 95.

œuvres[99]. » Le fédéralisme presbytérien avait donc une difficulté fondamentale à envisager l'alliance de grâce comme étant absolument inconditionnelle ; il se heurtait à une irréductible antinomie. Nous croyons que les tendances compromettant l'inconditionnalité de l'alliance de grâce telles que le néonomisme, la nouvelle perspective sur Paul, la vision fédérale, etc. sont naturellement issues du fédéralisme presbytérien qui porte en lui le germe d'une alliance de grâce conditionnelle[100].

6. CONCLUSION

Dans ce chapitre, nous avons vu deux compréhensions différentes de l'alliance de grâce et de sa relation avec l'ancienne et la nouvelle alliance. Le modèle pédobaptiste envisageait le début de l'alliance de grâce dès après la chute et plaçait cette alliance sous deux administrations successives appelées l'ancienne et la nouvelle alliance. En distinguant entre l'alliance (substance) et l'administration (circonstance), les presbytériens établissaient un fondement qui leur était essentiel : ils pouvaient maintenir dans une même alliance des héritiers naturels et des héritiers spirituels, les premiers ayant part seulement à l'administration, et les seconds, à l'administration et à la substance de l'alliance de grâce. Le fédéralisme et l'ecclésiologie pédobaptistes reposaient sur cette distinction.

La compréhension baptiste reposait sur une autre distinction fondamentale : une distinction entre la phase où l'alliance de grâce fut révélée et la phase où elle fut conclue. La phase révélée correspondait à la période précédant la mort de Christ, et la phase conclue correspondait à l'époque qui suit. Ainsi, les baptistes considéraient

---

99. *Ibid.*, p. 99-100.
100. Nous nous contentons de soulever le problème sans l'examiner davantage, puisqu'il fut traité en profondeur par Jeffrey D. Johnson, qui lui consacre les chapitres 7, 8 et 9 dans *The Fatal Flaw of the Theology Behind Infant Baptism*. Johnson révise les six options des pédobaptistes devant ce problème. Il démontre que l'orthodoxie biblique est incompatible avec le fédéralisme presbytérien et que celui-ci, s'il veut être conséquent avec lui-même, doit sacrifier l'orthodoxie en supprimant l'inconditionnalité de la grâce.

qu'aucune alliance, à l'exception de la nouvelle alliance, n'était l'alliance de grâce. Ils reconnaissaient cependant que l'alliance de grâce avait été révélée sous toutes les alliances depuis la chute, mais distinguaient entre la substance propre de ces alliances et l'alliance de grâce elle-même.

Ces deux fédéralismes étaient à la base de toutes les divergences entre les presbytériens et les baptistes du XVIIe siècle. Leur compréhension respective de l'alliance de grâce les conduisit vers une herméneutique et des notions théologiques divergentes. Dans la dernière partie de ce travail, nous verrons comment leur compréhension respective de l'alliance de grâce détermina le reste de leur fédéralisme. Autrement dit, nous verrons comment les modèles presbytérien et baptiste déterminèrent leur compréhension respective de l'ancienne et de la nouvelle alliance.

L'ANCIENNE ALLIANCE

1. QUE DÉSIGNE L'EXPRESSION « ANCIENNE ALLIANCE » ?

Jusqu'à présent, nous avons fréquemment utilisé l'expression « ancienne alliance » sans préciser ce qu'elle désigne. L'Écriture emploie cette expression pour désigner l'alliance conclue entre Dieu et Israël à la sortie d'Égypte, l'alliance dont Moïse fut le médiateur (comparer Jé 31.31,32 et Hé 8.8-13)[1]. Pour la plupart des fédéralistes du XVIIe siècle, l'expression « ancienne alliance » désignait bien l'alliance mosaïque[2], mais elle désignait plus que cela, aussi. Selon eux, l'ancienne alliance incluait toute la période de l'Ancien Testament, c'est-à-dire de la chute jusqu'à l'établissement de la nouvelle alliance. La théologie fédérale envisageait donc l'ancienne alliance comme étant cumulative.

1.1. L'aspect cumulatif de l'ancienne alliance

Il est facile de déterminer la fin de l'ancienne alliance, puisqu'elle fut abolie lorsqu'elle fut remplacée par la nouvelle alliance (voir Hé 7.11-19). Cependant, il est plus difficile de déterminer le

---
1. Le Nouveau Testament se réfère aussi à cette alliance sans l'appeler l'« ancienne alliance » (voir 2 Co 3 ; Ga 3 – 4).
2. Certains emploient plutôt l'expression « alliance sinaïtique » ; nous utiliserons les deux de manière interchangeable.

commencement de l'ancienne alliance. Il ne fait aucun doute que l'alliance conclue au désert du Sinaï détermina l'ancienne alliance, mais l'initia-t-elle ? Avant l'alliance sinaïtique, l'ancienne alliance existait-elle ? Nous croyons que l'établissement de l'ancienne alliance débuta avant l'arrivée de l'alliance sinaïtique. Cette dernière fut conclue sur la base d'une alliance entre Abraham et Dieu (voir Ex 2.24 ; 3.15,16 ; 6.4-8). À plusieurs reprises, le Nouveau Testament présente l'alliance entre Dieu et Israël (l'ancienne alliance) enracinée à la fois dans l'alliance avec les patriarches et dans l'alliance mosaïque. Jésus et Paul allient de manière indissociable la circoncision donnée à Abraham à la loi donnée à Moïse (Jn 7.22,23 ; Ga 5.3). Étienne amorce son survol de l'ancienne alliance avec Abraham, et il inclut aussi l'alliance mosaïque et l'alliance davidique dans ce survol (Ac 7). Les apôtres associent à la circoncision le joug de la loi de Moïse (Ac 15.5,10-11). L'Épître aux Hébreux affirme que Christ racheta les péchés commis sous la première alliance (Hé 9.15) ; il s'agit de tous les péchés commis avant la mort de Christ depuis la chute. La première alliance couvrait donc toute la période allant de la chute à l'établissement de la nouvelle alliance[3].

Les théologiens réformés n'envisageaient donc pas « les alliances de la promesse » (Ép 2.12) comme s'il s'agissait de plusieurs alliances indépendantes les unes des autres, mais comme étant des alliances cumulatives. Les presbytériens et les baptistes étaient en accord sur ce point[4]. Herman Witsius écrit : « Nous commençons l'administration de l'Ancien Testament ainsi que la première promesse de la

---

3. Cela ne signifie pas que la première alliance (l'ancienne alliance) aurait été uniforme depuis le commencement. Les réformés envisagèrent plusieurs phases de développement qui conduisirent au plein établissement de l'ancienne alliance : d'Adam à Noé, de Noé à Abraham, d'Abraham à Moïse, de l'Exode à Canaan, etc. (voir Herman Witsius, *The Economy of the Covenants*, vol. 1, p. 313 et s.). Il est à noter également que les sacrifices d'animaux, qui constituaient le fondement de l'ancienne alliance (Hé 7.11), débutèrent bien avant le sacerdoce lévitique. Les sacrifices sont présents dès la Genèse (Ge 3.21 ; 4.4 ; 8.20 ; 22.13 ; 46.1), et le sacerdoce lévitique en est la continuité.
4. Il semble que cette compréhension était la norme du calvinisme de cette époque. Cette notion remonte à Calvin lui-même. Peter Lillback écrit : « Calvin explique la relation entre Abraham et Moïse comme une alliance unique avec Dieu dans le développement de l'histoire rédemptrice » (voir

grâce dès la chute. Cette administration prend fin en Christ.⁵ » Du côté des baptistes, Nehemiah Coxe écrit :

> Nous devons observer de plus que cette alliance de la circoncision était le fondement sur lequel l'Église-État d'Israël selon la chair fut construite. Je ne dis pas que leur Église-État fut complètement créée seulement par cette ordonnance, mais que c'est dans l'alliance de la circoncision que se trouvaient les premiers rudiments de l'alliance faite dans le désert. L'alliance suivante fut l'accomplissement et l'achèvement de l'ancienne. Elle fut faite avec eux conformément à celle-ci et pour l'accomplissement total de la promesse faite à Abraham⁶.

Thomas Patient est encore plus explicite : « Mais il est clair pour moi, qu'en substance, l'alliance d'obéissance cérémonielle donnée à Moïse, quand le peuple sortit d'Égypte, fut la même que celle donnée à la génération d'Adam⁷. »

1.2. Une difficulté pour les pédobaptistes

Cette notion cumulative de l'ancienne alliance pouvait s'harmoniser à la fois avec la compréhension presbytérienne et baptiste de l'alliance de grâce. Cependant, si l'on considérait l'alliance sinaïtique comme une alliance des œuvres (c.-à-d. conditionnelle), il devenait impossible de considérer l'ancienne alliance comme étant une administration cumulative de l'alliance de grâce, puisqu'il y aurait une incompatibilité entre l'inconditionnalité de l'alliance de grâce et la conditionnalité de l'alliance sinaïtique. Bien sûr, la plupart des presbytériens n'avaient pas cette difficulté, puisqu'ils ne considéraient pas l'alliance sinaïtique comme une alliance des œuvres, mais comme une alliance de grâce. Cependant, quelques pédobaptistes,

---

« Calvins's Interpretation of the History of Salvation », *Theological Guide to Calvin's Institutes*, Phillipsburg, P&R, 2008, p. 187).
5. Herman Witsius, *The Economy of the Covenants*, vol. 1, p. 308. Voir aussi John Ball, *A Treatise of the Covenant of Grace*, p. 36.
6. Nehemiah Coxe, *A Discourse of the Covenants*, p. 99.
7. Thomas Patient, *The Doctrine of Baptism, And the Distinction of the Covenants*, début du chapitre 10.

en accord avec les baptistes, voyaient l'alliance sinaïtique comme une alliance conditionnelle. Deux solutions s'offraient donc aux pédobaptistes : nier l'aspect conditionnel de l'alliance mosaïque pour l'associer à l'alliance de grâce, ou mettre l'alliance mosaïque à part en l'isolant de l'alliance de grâce[8]. Ces approches visaient toutes deux à maintenir le paradigme *une alliance de grâce sous deux administrations*. Le fédéralisme de la Confession de 1689 (l'alliance de grâce révélée, puis conclue) évitait cette difficulté. En effet, les baptistes considéraient l'alliance sinaïtique comme une alliance des œuvres qui pouvait exister parallèlement et simultanément à l'alliance de grâce sans la compromettre.

Du côté presbytérien, cependant, aucune des solutions offertes n'était sans difficulté. Dans le cas où l'on niait la conditionnalité de l'alliance mosaïque pour pouvoir l'intégrer à l'alliance de grâce, il fallait expliquer plusieurs textes de la Bible qui, tout du moins, semblaient suggérer que l'alliance mosaïque était conditionnelle, et non une alliance de grâce. Dans le cas où l'on admettait la conditionnalité de l'alliance mosaïque, il fallait trouver un moyen d'affirmer l'unité de l'alliance de grâce dans l'Ancien Testament sans compromettre sa nature inconditionnelle. Ce moyen consistait à séparer l'alliance abrahamique de l'alliance mosaïque ; la première étant l'alliance de grâce, et la seconde, l'alliance des œuvres. Cependant, comment expliquer la continuité organique que tous voyaient entre Abraham et Moïse ? Examinons tour à tour ces deux solutions.

1.2.1. Solution 1 : l'alliance mosaïque était inconditionnelle

L'Écriture sainte présente deux façons d'obtenir la bénédiction divine : de manière conditionnelle ou inconditionnelle. À la première est associée l'obéissance à la loi, à la seconde, la foi. Concernant

---

8. Une troisième option était envisageable et consistait simplement à considérer l'alliance de grâce comme étant conditionnelle (ou partiellement conditionnelle). Cette tendance a éventuellement mené les pédobaptistes vers les controverses du *Federal Vision* et de la nouvelle perspective sur Paul (voir Jeffrey D. Johnson, *The Fatal Flaw of the Theology Behind Infant Baptism*, chapitres 8 et 9).

la bénédiction conditionnelle obtenue par l'obéissance à la loi nous lisons : « Vous observerez mes lois et mes ordonnances : l'homme qui les mettra en pratique vivra par elles. Je suis l'Éternel. » (Lé 18.5) Concernant la bénédiction inconditionnelle obtenue par la foi nous lisons : « ... mais le juste vivra par sa foi » (Ha 2.4). L'homme peut vivre (c.-à-d. obtenir la vie éternelle) par la loi (Ro 10.5), ou il peut vivre par la foi (Ro 1.17). Ces deux moyens sont contraires l'un de l'autre et sont mutuellement exclusifs. L'apôtre Paul écrit :

> [10] Car tous ceux qui s'attachent aux œuvres de la loi sont sous la malédiction ; car il est écrit : Maudit est quiconque n'observe pas tout ce qui est écrit dans le livre de la loi, et ne le met pas en pratique. [11] Et que nul ne soit justifié devant Dieu par la loi, cela est évident, puisqu'il est dit : Le juste vivra par la foi. [12] Or, la loi ne procède pas de la foi ; mais elle dit : Celui qui mettra ces choses en pratique vivra par elles. (Ga 3.10-12)

Dans la théologie fédérale, une alliance où l'héritage promis était conditionnel à l'obéissance des fédérés était considérée comme une alliance des œuvres. Une alliance où l'héritage promis était donné inconditionnellement à tous les fédérés était considérée comme une alliance de grâce. Ainsi, l'obéissance des fédérés était envisagée soit comme la cause, soit comme la conséquence de la bénédiction reçue par l'alliance. John Owen explique comment l'obéissance fonctionne à l'intérieur d'une alliance de grâce et à l'intérieur d'une alliance des œuvres :

> Pour plusieurs raisons, les promesses de l'alliance de grâce sont meilleures que celles de toute autre alliance, ceci parce que la grâce exclut toute condition ou qualification de notre part. Je ne dis pas que l'alliance de grâce est exempte de conditions, si par conditions nous entendons le devoir d'obéissance que Dieu exige de nous dans cette alliance et en vertu de celle-ci. Ce que je dis, c'est que les promesses principales de cette alliance ne sont pas en premier lieu offertes comme une rémunération en vertu de notre obéissance, mais *[les promesses elles-mêmes]* nous établissent et nous consolident dans cette alliance. L'alliance des œuvres contenait aussi des promesses, mais comme une rémunération, exigeant

de nous une obéissance antérieure (comme ce fut le cas pour ceux qui faisaient partie de l'alliance au Sinaï). En fait, ils dépendaient aussi de la grâce, car la récompense dépassait infiniment les mérites. Mais ils voyaient leurs privilèges en termes de récompense. Il n'en est pas ainsi pour l'alliance de grâce, car plusieurs de ses promesses concernent les moyens par lesquels nous entrons dans cette alliance avec Dieu. La première alliance fut établie sur des promesses, car les hommes avec qui elle fut conclue étaient encouragés à obéir dans l'espérance d'une récompense future. Ces promesses, à savoir celle du pardon des péchés et de la loi de Dieu écrite sur les cœurs, que l'apôtre cite comme appartenant à cette alliance, sont accomplies avant que nous obéissions à l'alliance. Même si la foi est requise avant que nous ne recevions effectivement le pardon des péchés, cette foi est elle-même produite en nous par la grâce de la promesse ; elle précède le pardon dans l'ordre voulu par Dieu pour communiquer les bienfaits de l'alliance, mais cela ne sous-entend pas que le pardon du péché soit la récompense accordée à notre foi[9].

La plupart des théologiens de l'alliance du XVIIe siècle entérinaient cette compréhension. Cependant, beaucoup appliquaient la notion d'obéissance de l'alliance de grâce à l'alliance mosaïque. Ainsi, l'obéissance exigée par la loi de Moïse n'était pas envisagée comme la condition pour hériter de la bénédiction, mais comme le fruit de la bénédiction inconditionnelle offerte par cette alliance. Par exemple, John Ball s'appuyait sur des passages comme Deutéronome 9.4,5 pour démontrer que l'héritage promis à Israël n'était pas conditionnel à son obéissance,[10] et il expliquait les passages conditionnels de la manière suivante :

> Il est vrai que les promesses sont soumises à cette condition : « … si vous obéissez à ma voix et exécutez mes commandements… » Mais les conditions sont de deux types : antérieur ou consécutif.

---

9. John Owen, *An Exposition of Hebrews 8.6-13*, p. 178-179.
10. Ceux qui envisageaient l'alliance sinaïtique comme une alliance des œuvres voyaient ce genre de passage comme une extraordinaire manifestation de la grâce de Dieu, miséricordieux même sous une alliance des œuvres, donc infiniment miséricordieux sous une alliance de grâce.

Elles sont de type antérieur lorsque la condition est la cause qui permet d'obtenir la chose promise ou donnée [...] Elles sont de type consécutif lorsque la condition est annexée à la promesse en tant que qualité ou complément. Dans ce sens, l'obéissance aux commandements était une condition de la promesse ; elle n'était pas la raison pour laquelle ce qui était promis était accordé [...], mais la conséquence d'une si grande miséricorde conférée gratuitement[11].

Pour Ball, il n'y avait aucune différence entre le but de l'obéissance requise par Jésus-Christ et le but de l'obéissance requise par Moïse. Dans aucun cas, il n'envisageait l'obéissance comme une condition des promesses, mais uniquement comme un effet de ces promesses. Thomas Blake affirmait que l'ancienne et la nouvelle alliance offraient et requéraient exactement la même chose : « Ces alliances possèdent toutes les deux les mêmes conditions de la part de Dieu : la rémission des péchés et le bonheur éternel [...], et elles exigent les mêmes choses de la part des hommes : la foi et la repentance[12]. » Plus loin, il explique que les conditions de la loi fonctionnaient comme une alliance des œuvres pour ceux qui n'avaient pas la foi, mais comme une alliance de grâce pour les croyants[13]. Blake considérait que les dix commandements, à l'intérieur de l'alliance sinaïtique, étaient exactement comme la loi écrite dans le cœur des gens sous la nouvelle alliance, parce qu'il envisageait l'alliance sinaïtique comme une alliance de grâce. Il écrit :

> Cette alliance communiquée par Moïse au peuple d'Israël était une alliance de grâce, la même, en substance, que celle par laquelle nous vivons aujourd'hui au temps de l'Évangile. Ceci est largement prouvé par la main de M. Ball dans son Traité de l'alliance, pages 102 à 104[14].

Puisque Blake s'appuie entièrement sur le travail de John Ball pour affirmer que l'alliance mosaïque était inconditionnelle,

---

11. John Ball, *A Treatise of the Covenant of Grace*, p. 132-133.
12. Thomas Blake, *Vindiciae Foederis,* p. 158-159.
13. *Ibid.*, p. 172.
14. *Ibid.*, p. 166.

examinons trois preuves que Ball avance[15]. Sa première preuve consiste à dire qu'en faisant alliance avec Israël, Dieu lui accorda une grâce. Par conséquent, l'alliance en question n'était pas conditionnelle, mais inconditionnelle, elle n'était pas due, mais donnée gratuitement. Cependant, toutes les confessions reconnaissaient que « la distance entre Dieu et la créature est si grande que des créatures [...] n'auraient jamais obtenu la vie comme récompense eût été une condescendance de la part de Dieu, qu'il s'est plu à exprimer par le moyen de l'alliance[16]. » Cela incluait l'alliance des œuvres initiale. Toute alliance entre Dieu et l'homme, incluant une alliance conditionnelle, est une grâce. Par contre, pour déterminer si une alliance est conditionnelle ou inconditionnelle, il faut regarder comment elle offre ses bénédictions. Gratuitement, par la foi ? Ou conditionnellement, par l'obéissance ?

Deuxièmement, Ball examine l'introduction du décalogue au chapitre 19 du livre de l'Exode et conclut que la grâce a précédé les commandements, puisque Dieu a délivré Israël avant de lui donner sa loi. L'obéissance requise par les commandements ne serait donc pas antérieure et conditionnelle, mais ultérieure et conséquente à la bénédiction offerte dans cette alliance. Il n'y a aucun doute que la délivrance de l'Égypte fut inconditionnelle, cependant, ce ne fut pas en vertu de cette délivrance ni lors de celle-ci que Dieu fit alliance avec Israël. Dieu a préalablement délivré Israël par grâce, mais a ultérieurement établi une alliance conditionnelle avec lui.

Par contre, c'est dans cette promesse que Ball trouve spécifiquement une alliance de grâce dans l'introduction de l'alliance mosaïque : « Je serai ton Dieu et tu seras mon peuple ». Il écrit :

L'alliance de grâce est exprimée en ces mots : « Je serai ton Dieu et tu seras mon peuple. » C'est là que Dieu a promis d'être favorable devant l'iniquité de ses serviteurs, de ne plus se souvenir

---

15. John Ball, *A Treatise of the Covenant of Grace*, p. 102-110. Ball avance en tout huit preuves, mais celles-ci s'entrecoupent et peuvent se résumer en trois points. Nous expliquerons brièvement pourquoi nous pensons que les preuves de Ball sont erronées, et nous en ferons la démonstration dans le reste de ce chapitre.
16. *La Confession de foi baptiste de Londres de 1689*, 7.1.

de leurs péchés et de les bénir de toutes sortes de bénédictions spirituelles célestes[17].

Ball n'était pas le seul à comprendre qu'avoir Dieu pour son Dieu signifiait nécessairement être dans l'alliance de grâce ; Herman Witsius écrit : « L'expression "être le Dieu de quelqu'un" inclut la vie éternelle, car, lorsque Dieu devient le Dieu du pécheur, il devient alors pour lui ce qu'il est en lui-même[18]. » Nous croyons que cette déduction est erronée pour deux raisons. Premièrement, l'Écriture envisage bien une façon d'« avoir Dieu pour son Dieu » dans une autre éventualité que le salut par grâce. À cet effet, Nehemiah Coxe écrit :

> Il est évident que cette promesse « je serai leur Dieu », et la précédente qui se trouve dans Genèse 17.7 offrent l'assurance de certains bienfaits pour le peuple de l'alliance. Mais il ne faut pas penser qu'il s'agisse de promesses de bénédictions particulières et de nature supérieure à ce qui est compris dans toutes les promesses de cette alliance. Car le sens véritable de cette promesse générale est *que Dieu s'est engagé, avec tous les attributs qui lui sont propres, en vue de l'accomplissement complet de toutes les promesses de l'alliance qu'il a conclue avec eux, selon la nature et les conditions de cette alliance.* Toutes les perfections divines servent de gage pour montrer que Dieu ne faillira pas à ses promesses ; il les les tiendra, selon les besoins, pour le bien et le bénéfice de ce peuple. Mais, que ce soit dans les bénédictions qu'il répand sur lui ou dans les termes et les conditions selon lesquels il les répand, les interventions de Dieu envers son peuple restent

---

17. John Ball, *A Treatise of the Covenant of Grace*, p. 104.
18. Herman Witsius, *The Economy of the Covenants*, vol. 1, p. 293. Jean Calvin avait la même compréhension : « Le Seigneur a toujours fait alliance avec ses serviteurs de cette façon : "Je serai votre Dieu et vous serez mon peuple" (Lé 26.12). Par ces paroles, les prophètes entendaient la vie et le salut ainsi que le bonheur. Ce n'est pas sans raison que David a souvent déclaré heureux le peuple qui a le Seigneur pour son Dieu (Ps 144.15), et heureuse la nation dont l'Éternel est le Dieu ! (Ps 33.12*a*) Il ne s'agit pas là d'un bonheur terrestre, mais, parce qu'il rachète de la mort, le Seigneur maintient à jamais et renouvelle sa miséricorde à tous ceux qu'il a accueillis dans son peuple » (*Institution*, II, X, 8).

limitées à l'alliance qu'il a conclue avec eux, et à la nature et la portée des promesses de cette alliance[19].

Autrement dit, ce qu'implique « avoir Dieu pour son Dieu » doit être déterminé en fonction des termes de l'alliance par laquelle Dieu s'engage à être Dieu pour son peuple. Dieu, en tant que Créateur, n'est-il pas le Dieu de tous les hommes (Ps 24.1 ; Ma 2.10 ; Mt 5.45 ; 1 Ti 4.10 ; 2 Pi 2.1) ? En tant que rédempteur d'Israël, il était le Dieu de tout le peuple sans que tout le peuple bénéficie nécessairement de la grâce du salut (Ro 9.6-8). Pourtant, ce même peuple est souvent appelé peuple de Dieu (De 27.9 ; 2 R 9.6 ; Ps 50.7). En s'engageant à être le Dieu d'Israël, l'Éternel lui promettait la supériorité sur les autres nations, la protection, la possession de Canaan, la bénédiction dans son pays (voir De 28.1-14). Seuls les termes de l'alliance conclue dans le désert du Sinaï peuvent nous dire en quoi Dieu s'engageait en promettant d'être le Dieu d'Israël.

Deuxièmement, comme l'indique Coxe, il faut tenir compte de la nature de cette promesse lorsqu'on la retrouve dans une alliance ou dans une autre : s'agit-il d'une promesse conditionnelle ou inconditionnelle ? Une simple comparaison de cette même promesse dans le contexte de l'alliance sinaïtique et dans celui de la nouvelle alliance est très révélatrice. Sous l'ancienne alliance, Dieu dit : « Maintenant, *si* vous écoutez ma voix, et *si* vous gardez mon alliance, vous m'appartiendrez entre tous les peuples, car toute la terre est à moi ; vous serez pour moi un royaume de sacrificateurs et une nation sainte. » (Ex 19.5,6 ; italique ajouté). « Avoir Dieu pour son Dieu », dans les termes définis par l'ancienne alliance, était conditionnel à l'obéissance d'Israël[20]. Sous la nouvelle alliance, Dieu promet également

---

19. Nehemiah Coxe, *A Discourse of the Covenants*, p. 111. L'italique est ajouté par nous, et le texte entre guillemets est une citation d'un traité de Joseph Whiston.
20. Ceci soulève une question d'une importance capitale : quel genre d'obéissance l'ancienne alliance requérait-elle pour que Dieu maintienne sa promesse ? Était-ce une obéissance parfaite à la loi morale, ou une observance consistante de celle-ci ? La réponse à cette question est en grande partie déterminée par le rapport que nous envisageons entre l'alliance des œuvres et l'ancienne alliance. L'alliance des œuvres exigeait une parfaite obéissance à la loi morale ; une seule transgression d'un commandement était une

d'être le Dieu de son peuple, et promet aussi que son peuple deviendra « une race élue, un sacerdoce royal, une nation sainte » (1 Pi 2.9). Mais, contrairement à l'ancienne alliance, cette promesse est inconditionnelle sous la nouvelle alliance : « … Et je serai leur Dieu, et ils seront mon peuple. […] Car je pardonnerai leur iniquité, et je ne me souviendrai plus de leur péché » (Jé 31.33,34). Être le peuple de Dieu, sous la nouvelle alliance, est garanti par le pardon des péchés obtenu par le médiateur de cette alliance, c'est pourquoi Christ est présenté comme celui qui en est le garant (Hé 7.22). Être le peuple de Dieu, sous l'ancienne alliance, était conditionnel à l'obéissance de Dieu. De plus, avoir l'Éternel pour son Dieu, sous l'ancienne alliance, ne conférait pas les mêmes bénédictions que sous la nouvelle alliance. La première garantissait des bénédictions terrestres, la seconde des bénédictions célestes : la vie éternelle.

La troisième preuve avancée par Ball vient d'une déduction qu'il fait à partir du premier commandement du décalogue qu'on retrouve sous une forme différente en Deutéronome 6.4,5 : « Écoute, Israël ! L'Éternel, notre Dieu, est le seul Éternel. Tu aimeras l'Éternel, ton Dieu, de tout ton cœur, de toute ton âme et de toute ta force. » Ball indique que ce commandement équivalait à croire en Dieu pour avoir la vie, exactement comme sous la nouvelle alliance. Nous convenons avec Ball que ce commandement exigeait ultimement la foi en Dieu, comme sous la nouvelle alliance (Hé 11.6). Cependant, Ball fait erreur en concluant que, parce que ce commandement exigeait la conversion à Dieu, l'ancienne alliance donnait inconditionnellement ce qu'elle exigeait. C'est précisément sur ce point que le Nouveau Testament présente la loi comme étant faible et déficiente, puisqu'elle ne pouvait opérer chez les pécheurs ce qu'elle exigeait d'eux (Hé 8.7 ; Ro 8.3). C'est aussi précisément sur ce point que la nouvelle alliance est radicalement distincte de l'ancienne, puisqu'elle donne ce que Dieu ordonne. Thomas Patient écrit : « Considérez que, dans cette alliance *[la nouvelle alliance]*, il n'exige rien de nous, mais il s'engage

---

transgression de l'alliance et attirait une condamnation éternelle. En était-il ainsi sous l'ancienne alliance ? Nous regarderons cette question en détail au point 3.2, qui traite de la nature de l'ancienne alliance.

à nous rendre capables d'accomplir ce qu'il demande[21]. » Mais, bien avant Thomas Patient, l'apôtre Paul écrivait : « En effet, la loi de l'esprit de vie en Jésus-Christ m'a affranchi de la loi du péché et de la mort. Car — chose impossible à la loi, parce que la chair la rendait sans force [...] » (Ro 8.2,3). La nouvelle alliance produit efficacement le salut chez tous ses membres, car elle est inconditionnelle[22].

Devant ces difficultés, plusieurs pédobaptistes n'arrivaient pas à envisager l'alliance mosaïque comme étant une alliance inconditionnelle. C'était le cas de Samuel Petto, qui écrit :

> Il s'agit d'une récompense conditionnelle, il n'y a de promesses que par la condition d'obéissance. Exode 19.5 : « Maintenant, *si* vous m'écoutez, et *si* vous gardez mon alliance, vous serez mon bien propre parmi tous les peuples... » Tout repose sur un *si*. Aussi, Lé 26.3,4 : « *Si* vous suivez mes prescriptions, *si* vous observez mes commandements et *si* vous les mettez en pratique, je vous donnerai vos pluies... » Là encore, comme dans beaucoup d'autres passages, les promesses reposent sur la condition de l'observation de ses commandements[23].

Évidemment, si l'alliance sinaïtique était conditionnelle et que ses promesses dépendaient de l'obéissance de ses membres, cela posait un problème pour le paradigme *une alliance de grâce sous deux administrations*. Comment pouvait-on maintenir qu'Israël fut sous une alliance de grâce tout en considérant que la loi de Moïse était une alliance des œuvres ? La réponse à cette question était la seconde solution.

---

21. Thomas Patient, *The Doctrine of Baptism, And the Distinction of the Covenants*, chapitre 7 (vers le deux tiers du chapitre).
22. Une quatrième preuve mériterait d'être examinée. Ball affirme qu'il est évident que l'ancienne alliance était une alliance de grâce, puisqu'elle était une alliance de rédemption où l'on voyait la doctrine de la substitution dans les sacrifices ainsi que l'expiation et le pardon des péchés. Il sera essentiellement question de ce point lorsque nous examinerons la nature de l'ancienne alliance au point 3.2. Mais, pour l'instant, contentons-nous de rappeler que l'ancienne alliance, qui n'offrait pas elle-même la grâce du salut, pointait typologiquement vers cette grâce à laquelle elle conduisait (Ga 3.24).
23. Samuel Petto, *The Great Mystery of the Covenant of Grace*, Stoke-on-Trent, Tentmaker Publications, 2007 (1820), p. 94 (italique ajouté).

1.2.2. Solution 2 : *l'alliance mosaïque était distincte de l'alliance de grâce conclue avec Abraham*

Afin de pouvoir maintenir le modèle pédobaptiste de l'alliance de grâce tout en reconnaissant que l'alliance mosaïque était une alliance conditionnelle, certains pédobaptistes séparaient radicalement l'alliance abrahamique de l'alliance sinaïtique. Ils envisageaient la première de la même façon que les presbytériens envisageaient l'alliance de grâce (c.-à-d. administrée sous deux alliances mixtes), et ils envisageaient la seconde de la même façon que les baptistes envisageaient l'ancienne alliance (c.-à-d. une alliance conditionnelle, temporaire et typologique qui ne donnait pas la vie éternelle). Cette solution fut surtout développée par Samuel Petto[24] ; elle correspond en grande partie à la compréhension des théologiens pédobaptistes d'aujourd'hui[25] qui reconnaissent la conditionnalité de l'alliance mosaïque tout en maintenant le paradigme d'une alliance de grâce sous deux administrations. Petto écrit :

> Il n'a jamais été dit que l'alliance faite avec Abraham a été abolie, au contraire ; le fait de déclarer que la loi a été donnée 430 ans plus tard ne pouvait pas l'annuler. De plus, au temps de l'Évangile,

---

24. Michael Brown consacre un chapitre entier à la pensée de Petto sur l'alliance mosaïque (voir *Christ and the Condition*, p. 87-104).
25. Le collectif édité par Bryan D. Estelle, J. V. Fesko et David VanDrunen, *The Law Is Not Of Faith* en est un bon exemple. Dans cet ouvrage, les différents auteurs pédobaptistes tentent de démontrer que la doctrine de la republication (à savoir que l'alliance mosaïque contient une republication de l'alliance des œuvres) s'inscrit dans la tradition réformée. Un autre exemple est celui de Michael Horton qui résume ainsi sa compréhension de la conditionnalité et de l'inconditionnalité en rapport avec les alliances conclues avec Adam, Abraham et Moïse : « S'il est faux de dire que l'alliance du Sinaï est tout simplement identique à l'alliance de grâce abrahamique, il n'est pas tout à fait juste de dire que l'alliance du Sinaï (et donc, la théocratie en général) n'est rien de plus qu'une réédition de l'alliance originelle des œuvres conclue avec Adam avant la chute » *(God of Promise, Introducing Covenant Theology*, Grand Rapids, Baker, 2006, p. 54). De son côté, John Murray affirme que c'est entre l'alliance abrahamique et la nouvelle alliance qu'il y a identité : « La nouvelle alliance, dans son caractère d'alliance, ne diffère pas de l'alliance abrahamique dans son administration souveraine de la grâce » (*The Covenant of Grace*, Phillipsburg, P&R, 1953, p. 27).

ils sont appelés les enfants de l'alliance (Actes 3.25). Je considère donc que toutes ces idées sont fausses et vaines, à savoir que l'alliance faite avec Abraham serait une alliance des œuvres, une alliance juridique et temporelle, dont la postérité naturelle était mixte, ayant des promesses temporelles qui ne concernaient que le pays de Canaan et qui n'étaient qu'une préfiguration. Il est à noter que, dans cette alliance avec Abraham, le Seigneur lui fait cette promesse : «... je serai ton Dieu et celui de tes descendants après toi » (Ge 17.7), puis, une seconde fois, il ajoute à la promesse temporelle du pays de Canaan, au verset 8 : « je serai leur Dieu ». Il est donc clairement le Dieu de la descendance à qui il a promis le pays de Canaan, et le fait qu'il se présente comme leur Dieu est un bienfait plus grand que tout bien matériel[26].

En séparant ainsi l'alliance abrahamique de l'alliance sinaïtique (au moins implicitement), Petto reconnaissait sans difficulté que le Nouveau Testament présentait une ancienne alliance qui ne justifiait pas, mais condamnait, qu'elle était temporaire et remplacée par la nouvelle alliance. À cet effet, la compréhension de Petto était identique à celle des baptistes. Cependant, Petto était un pédobaptiste qui entérinait en grande partie le modèle presbytérien de l'alliance de grâce tel que nous l'avons examiné au chapitre précédent. La grande distinction dans la pensée de Petto consistait à mettre complètement à part l'alliance abrahamique comme alliance de grâce. Selon lui, l'alliance conclue avec Abraham offrait la grâce du salut (Ga 3.18) et, de toute évidence, incluait la postérité naturelle de ses membres. Il s'agissait donc, d'après Petto, d'une alliance mixte de grâce : les uns recevant la substance interne de cette alliance, les autres étant sous l'administration externe seulement. Il allait de soi que cette alliance de grâce conclue avec Abraham et sa postérité était la même que la nouvelle alliance, et que seule l'administration externe changeait.

Il est important de souligner que Petto ne considérait pas l'ancienne et la nouvelle alliance comme deux administrations d'une même alliance, mais comme deux alliances distinctes. Il écrit : « Cette alliance nouvelle et meilleure est distincte de celle du mont

---

26. Samuel Petto, *Infant Baptism of Christ's Appointment*, p. 31-32.

Sinaï. On dit généralement qu'il s'agit de deux administrations ou dispensations de la même alliance. Je crois qu'il ne s'agit pas simplement d'une seule alliance administrée différemment, mais de deux alliances[27]. » Cependant, il affirme que l'alliance abrahamique était l'alliance de grâce ; la même que nous retrouvons dans le Nouveau Testament. En réponse à Thomas Grantham qui s'opposait à cette vue, Petto écrit :

> Lorsque M. Grantham nie que l'alliance de Genèse 17 est une alliance-évangile ou une alliance de grâce, il se trompe, car l'apôtre a prouvé que la justification, au temps de l'Évangile, se fait par grâce par l'alliance avec Abraham (voir Ro 4.1-4,16,17). C'est ici le fondement même sur lequel son argumentation est construite. À savoir que nous, sous l'Évangile, sommes justifiés de la même manière qu'Abraham l'était : par grâce, selon la promesse et non selon la loi. [...] Est-ce que M. Grantham pense que l'apôtre chercherait à prouver que notre justification vient d'une alliance légale abrogée ?[28]

Si l'alliance de la circoncision donnée à Abraham était inconditionnelle et devait être radicalement séparée de l'alliance sinaïtique, comment Petto expliquait-il cette affirmation de l'apôtre Paul : « Et je proteste encore une fois à tout homme qui se fait circoncire, qu'il est tenu de pratiquer la loi tout entière » (Ga 5.3) ? Paul semble faire un lien irréductible entre la circoncision (alliance abrahamique) et la loi (alliance mosaïque). Petto esquivait cette difficulté en affirmant que Paul suivait ici la logique des judaïsants sans endosser cette logique :

> Car, soit il pense aux faux prophètes qui prônaient la circoncision en vue de la justification et du salut, et dans ce sens, si on place un devoir, et même le baptême sur une telle base légale, on devient débiteur de la loi tout entière. Soit il veut dire que ni la circoncision ni aucune œuvre de la loi ne sont utiles à moins qu'elles ne

---
27. Samuel Petto, *The Great Mystery of the Covenant of Grace*, p. 103. Remarquez cependant que Petto désigne précisément l'alliance mosaïque, ce qu'il dit ne s'applique pas à l'alliance abrahamique.
28. Samuel Petto, *Infant-Baptism Vindicated from the Exceptions of Mr. Thomas Grantham*, Londres, imprimé par T. S. pour Edward Giles, 1691, p. 17.

soient entièrement accomplies, car la loi ne promet rien à moins d'une obéissance parfaite (Ga 3.10 ; Ro 10.5)²⁹.

En séparant l'alliance abrahamique de l'alliance mosaïque, les pédobaptistes comme Petto affirmaient la continuité de la première et l'abolition de la seconde sous la nouvelle alliance. Comme l'alliance abrahamique incluait les enfants, et que le Nouveau Testament se sert de cette alliance pour fonder l'Évangile, la position pédobaptiste ne se trouvait-elle pas grandement renforcée ? B. B. Warfield écrit : « Dieu a établi son Église au temps d'Abraham et y a mis des enfants. Ils doivent y rester jusqu'à ce qu'il les y enlève. Il ne les a pas encore retirés. Donc, ils sont toujours membres de son Église et, à ce titre, ont droit à ses ordonnances³⁰. »

Les baptistes ne devaient pas simplement prouver que le modèle presbytérien de l'alliance de grâce était erroné ; ils devaient démontrer plus spécifiquement encore que la compréhension presbytérienne de l'alliance abrahamique et de sa relation avec les autres alliances était également erronée. C'est exactement ce que Nehemiah Coxe entreprit dans *A Discourse of the Covenants that God made with men before the Law*. Dans ce traité, Coxe tente de démontrer que les presbytériens avaient une mauvaise compréhension de l'alliance abrahamique. Comparons leur compréhension.

2. L'ALLIANCE ABRAHAMIQUE

Une lecture sommaire du chapitre 3 de l'Épître de Paul aux Galates pourrait donner l'impression que la compréhension de Samuel Petto était juste, puisque Paul y oppose l'alliance abrahamique et l'alliance mosaïque, attribuant la grâce à la première et les œuvres de la loi à la seconde.

[17] Voici ce que j'entends : une disposition, que Dieu a confirmée antérieurement, ne peut pas être annulée, et ainsi la promesse

---
29. *Ibid.*, p. 18.
30. B.B. Warfield, *Studies in Theology*, vol. 9, dans *The Works of B.B. Warfield*, Grand Rapids, Baker, 1981 (1932), p. 408.

rendue vaine, par la loi survenue quatre cent trente ans plus tard. [18] Car si l'héritage venait de la loi, il ne viendrait plus de la promesse ; or, c'est par la promesse que Dieu a fait à Abraham ce don de sa grâce (Ga 3.17,18).

Paul affirme clairement que c'est par l'alliance abrahamique que Dieu a promis sa grâce, et que l'alliance mosaïque survenue 430 ans plus tard n'apportait pas l'héritage en question ni ne remplaçait l'alliance abrahamique. Les pédobaptistes comprenaient de ce passage que l'alliance abrahamique était l'alliance de grâce, l'alliance par laquelle Dieu accorda sa grâce à Abraham et à sa postérité, et que les judaïsants faisaient erreur en exigeant l'obéissance à la loi de Moïse comme condition pour obtenir l'héritage[31]. Le paradigme presbytérien de l'alliance de grâce se confirmait par cette interprétation : l'alliance de grâce que Dieu conclut avec Abraham incluait sa postérité physique ; l'alliance de grâce était donc une alliance mixte dans laquelle on entrait dès la naissance.

Les baptistes étaient partiellement d'accord avec l'interprétation presbytérienne de ce passage. Ils reconnaissaient que Paul exposait l'erreur légaliste des judaïsants en s'appuyant sur le fait que l'héritage

---

31. Les pédobaptistes allaient cependant plus loin en disant que dans ce passage l'apôtre Paul ne décrit aucunement la nature propre de l'ancienne alliance, mais uniquement la fausse conception qu'en avaient les judaïsants. Herman Witsius déclare : « Par conséquent, l'intention de l'apôtre ici n'est pas de nous enseigner que l'alliance du Sinaï n'était rien d'autre qu'une alliance des œuvres complètement opposée à l'alliance-évangile, mais seulement que la plupart des Israélites ont mal compris l'intention de Dieu et qu'ils ont outrageusement violé son alliance, comme le font tous ceux qui cherchent la justice par la loi » (*The Economy of the Covenants*, vol. 2, p. 185). Il est vrai que les judaïsants faisaient erreur en recherchant la justification par la loi plutôt que par la foi (Ro 9.31,32), mais ils ne faisaient pas erreur quant à la nature de la loi. Nulle part l'apôtre ne conteste leur compréhension de la loi ; il l'approuve au contraire (Ga 5.1-4 ; Ro 10.5). Paul leur reproche plutôt de faire un mauvais usage de la loi et de rejeter la foi au profit des œuvres pour obtenir la justification. L'erreur des judaïsants consistait à croire qu'un pécheur pouvait être justifié par la loi, et non que la loi pouvait justifier (elle pouvait justifier un juste). Devant la condamnation de la loi, les judaïsants auraient dû espérer dans la miséricorde de Dieu offerte par la foi en Jésus-Christ, le juste. Pour une réponse plus complète, voir Jeffrey D. Johnson, *The Fatal Flaw of the Theology Behind Infant Baptism*, p. 90 et s.

promis ne pouvait être accordé d'aucune autre façon que par la grâce de Dieu et que celle-ci avait été donnée à Abraham lorsque Dieu a fait alliance avec lui. La loi survenue 430 ans plus tard ne remplaçait pas la grâce comme méthode pour obtenir l'héritage. Cependant, les baptistes ne cautionnaient pas le paradigme presbytérien de l'alliance de grâce voulant qu'elle inclue la postérité physique d'Abraham et des croyants. Ils appliquaient plutôt leur propre paradigme de l'alliance de grâce (révélée/conclue) à ce passage : l'alliance de grâce fut révélée à Abraham, mais l'alliance formelle que Dieu conclut avec lui n'était pas l'alliance de grâce. D'ailleurs, le texte (Ga 3.17,18) n'affirme pas que Dieu fit don de sa grâce à Abraham par l'alliance, mais par la promesse. Autrement dit, l'alliance abrahamique contenait une promesse, et cette promesse était une révélation de l'alliance de grâce. L'alliance abrahamique incluait bien la postérité physique d'Abraham, mais celle-ci n'était pas dans l'alliance de grâce, même si elle se trouvait dans une alliance qui révélait la grâce de Dieu au moyen d'une promesse.

Les pédobaptistes, en appliquant la distinction entre la substance et l'administration de l'alliance de grâce, concevaient que tous les membres de l'alliance abrahamique ne jouissaient pas de la grâce de Dieu, bien qu'ils fussent tous sous la même alliance de grâce. Les baptistes, en appliquant la distinction entre la révélation et l'établissement formel de l'alliance de grâce, concevaient que tous les membres de l'alliance abrahamique ne jouissaient pas de la grâce de Dieu, car l'alliance de grâce ne fut pas conclue avec les membres de cette alliance. L'alliance de grâce leur fut révélée, et seuls ceux qui, comme Abraham, crurent participèrent à l'alliance de grâce manifestée dans l'alliance abrahamique. Conséquemment, les baptistes avaient une compréhension de l'alliance abrahamique fondamentalement différente de celle des presbytériens. Examinons ces distinctions.

2.1. Le dualisme de l'alliance abrahamique

L'Écriture fait état de plusieurs principes de nature duelle. Concernant l'alliance conclue avec Abraham, l'Écriture présente aussi un dualisme. Abraham possède une postérité physique ainsi qu'une postérité spirituelle (Ro 9.6-8 ; Ga 4.22-31) ; il y a une circoncision extérieure dans la chair et une circoncision intérieure dans le cœur (Ro 2.28,29) ; il y a une terre promise ici-bas et un royaume céleste (Hé 11.8-10). Le pasteur baptiste Hercules Collins relevait cette vérité dans son catéchisme : « Nous devons savoir que l'alliance faite avec Abraham avait deux parties : d'abord, une partie spirituelle qui consistait en la promesse de Dieu d'être un Dieu pour Abraham et pour toute sa descendance spirituelle d'une manière particulière[32] [...] »

Les pédobaptistes et les baptistes reconnaissaient mutuellement ce dualisme, mais de manière complètement différente, cependant. Les pédobaptistes considéraient ce dualisme à l'intérieur d'une seule alliance. Selon eux, cette alliance incluait une réalité physique, externe et terrestre combinée à une réalité spirituelle, interne et céleste, exactement comme dans leur compréhension de l'alliance de grâce où il est question d'une substance interne et d'une administration externe. Les pédobaptistes faisaient une distinction entre ces deux réalités, mais ils refusaient de les séparer en deux alliances distinctes. John Ball appliquait ce paradigme dans le but d'unir les aspects physique et spirituel, terrestre et céleste de l'alliance abrahamique : « Ici, la force interne et la vertu de l'alliance *[abrahamique]* doivent être distinguées de l'administration externe[33] ». Bien qu'ils reconnussent que la postérité d'Abraham était à la fois physique et spirituelle, les pédobaptistes refusaient d'y voir deux postérités, car, selon eux, Abraham n'avait qu'une postérité composée par le peuple

---

32. Collins poursuit en présentant aussi l'aspect physique et naturel de l'alliance abrahamique. James Renihan, éd., « An Orthodox Catechism : Being the Sum of Christian Religion, Contained in the Law and Gospel », *True Confessions : Baptist Documents in the Reformed Family*, Owensboro, Reformed Baptist Academic Press, 2004, p. 257.
33. John Ball, *A Treatise of the Covenant of Grace*, p. 48.

mixte de l'alliance de grâce. Ce point était crucial, car, si Abraham eut deux postérités distinctes, les baptistes avaient raison de ne pas mélanger la postérité naturelle (non régénérée) et la postérité spirituelle (régénérée) d'Abraham. Inversement, si Abraham n'eut qu'une postérité mixte, les pédobaptistes avaient raison d'inclure des sauvés et des non-sauvés dans l'alliance de grâce. Samuel Petto avait compris cet enjeu critique :

> Par conséquent, considérez le vrai sens de Galates 3.16 : les promesses ont été faites à Abraham et à sa descendance. Il n'est pas dit : *et aux descendances*, comme s'il s'agissait de plusieurs, mais plutôt comme s'il s'agissait d'une seule : *et à ta descendance, c'est-à-dire à Christ*. Abraham n'avait qu'une postérité, le Christ et ceux qui lui appartiennent. Ils le sont par la foi, ce qui les justifie. Il n'a jamais eu deux postérités. Au temps de l'Ancien Testament, il n'y eut qu'une postérité, et non pas une par la loi et une autre par la promesse, mais une seule promise en Christ [...]
>
> Ainsi, il n'est pas du tout mentionné d'exclure les enfants (provenant d'une descendance selon la chair) d'une descendance ecclésiastique, ni de leur abroger tout privilège ou de les limiter à ce qu'ils avaient avant la venue du Christ[34].

Les pédobaptistes refusaient qu'on sépare les dualités de l'alliance abrahamique afin de pouvoir conserver leur modèle de l'alliance de grâce qui intégrait ces dualités. L'alliance de grâce, pour inclure les enfants, devait comprendre à la fois des réalités terrestres et des réalités célestes. Les théologiens baptistes comprirent que s'ils gardaient ces dualités unies dans la même alliance, ils n'avaient plus aucune raison de refuser le modèle presbytérien de l'alliance de grâce. En effet, si l'alliance de grâce révélée à Abraham comprenait à la fois sa postérité physique et sa postérité spirituelle, pourquoi en serait-il autrement sous la nouvelle alliance ? Ainsi, non seulement la théologie baptiste faisait-elle la distinction entre les postérités physique et spirituelle d'Abraham, mais elle les séparait strictement

---

34. Samuel Petto, *Infant Baptism of Christ's Appointment*, p. 37-38 (italique ajouté).

en deux catégories à part. Les baptistes voyaient en Abraham deux postérités, deux héritages et, par conséquent, deux alliances.

2.1.1. Deux postérités et deux alliances en Abraham

Galates 4.22-31 constituait un passage clé du fédéralisme baptiste. Nous y lisons :

> [22] Car il est écrit qu'Abraham eut deux fils, un de la femme esclave, et un de la femme libre. [23] Mais celui de l'esclave naquit selon la chair, et celui de la femme libre naquit en vertu de la promesse. [24] Ces choses sont allégoriques ; car ces femmes sont deux alliances. L'une du mont Sinaï, enfantant pour la servitude, c'est Agar, – [25] car Agar, c'est le mont Sinaï en Arabie, – et elle correspond à la Jérusalem actuelle, qui est dans la servitude avec ses enfants. [26] Mais la Jérusalem d'en haut est libre, c'est notre mère ; [27] car il est écrit : Réjouis-toi, stérile, toi qui n'enfantes point ! Éclate et pousse des cris, toi qui n'as pas éprouvé les douleurs de l'enfantement ! Car les enfants de la délaissée seront plus nombreux que les enfants de celle qui était mariée. [28] Pour vous, frères, comme Isaac, vous êtes enfants de la promesse ; [29] et de même qu'alors celui qui était né selon la chair persécutait celui qui était né selon l'Esprit, ainsi en est-il encore maintenant. [30] Mais que dit l'Écriture ? Chasse l'esclave et son fils, car le fils de l'esclave n'héritera pas avec le fils de la femme libre. [31] C'est pourquoi, frères, nous ne sommes pas enfants de l'esclave, mais de la femme libre.

À partir de ce passage, Nehemiah Coxe comprenait, non pas que la postérité d'Abraham était mixte, mais qu'Abraham avait deux postérités distinctes et qu'il fallait déterminer l'héritage de chacune de ses postérités sur la base de leurs promesses respectives. Il écrit :

> Abraham doit être considéré comme possédant un double rôle : il est le père de tous les vrais croyants, et il est le père à l'origine de la fondation de la nation israélite. Dieu a fait une alliance avec lui pour chacune de ces deux descendances. Depuis, elles sont officiellement distinctes l'une de l'autre. Leur intérêt dans l'alliance doit nécessairement être différent et relève de considérations

distinctes. Les bénédictions de chacune doivent être transmises d'une manière qui convient et respecte les intérêts propres à chacune de ces alliances. Il ne doit y avoir aucune confusion dans ces choses sous peine de nuire aux articles les plus importants de la foi chrétienne[35].

Nous avons là une différence fondamentale avec la compréhension pédobaptiste de l'alliance abrahamique. Celle-ci plaçait dans la même alliance de grâce les postérités naturelle et spirituelle d'Abraham ; la première héritant seulement des bénédictions physiques de l'alliance et la seconde jouissant aussi des privilèges spirituels. Coxe affirmait qu'il n'en était pas ainsi. C'est pourquoi il déclare que puisque l'Écriture distingue formellement entre les deux postérités, on ne peut les enchevêtrer sous la même alliance sans compromettre d'importantes doctrines.

Cette compréhension était vigoureusement affirmée parmi la majorité des théologiens baptistes et caractérisa leur fédéralisme dès son origine. Spilsbury écrit : « Il y avait en Abraham, à cette époque, une descendance spirituelle et une descendance naturelle entre lesquelles Dieu fit toujours la distinction à travers toutes leurs générations[36]. » Concernant l'allégorie dans Galates 4, Henry Lawrence commente : « Vous avez ici une distinction entre deux Abraham : un Abraham qui a engendré et un Abraham qui a cru, puis, entre deux descendances : une naturelle, c'est-à-dire une génération née dans la chair seulement, et une autre née de la promesse[37]. » Un peu plus loin, Lawrence précise que seuls ceux qui, comme Isaac, sont nés de la promesse, c'est-à-dire les croyants, font partie de l'alliance de grâce et sont considérés enfants de Dieu. « Maintenant, dit-il, seuls ceux qui sont du même type qu'Isaac et qui sont nés de la promesse font partie de la descendance d'après Romains 9.8[38]. » Les baptistes considéraient qu'il était essentiel de séparer de cette manière les postérités d'Abraham pour pouvoir comprendre certains textes clés de

---

35. Nehemiah Coxe, *A Discourse of the Covenants*, p. 72-73.
36. John Spilsbury, *A Treatise Concerning the Lawfull Subject of Baptisme*, p. 6.
37. Henry Lawrence, *Of Baptism*, p. 90.
38. *Ibid.*, p. 91.

l'Écriture (voir Ro 9.6-8 ; 2.28,29 ; 11 ; Jn 8.39 ; Mt 3.9 ; Ga 3.29 ; 4.22-31 ; 1 Th 2.15,16).

Si Abraham avait deux postérités distinctes et non mixtes, et qu'elles étaient en relation avec Dieu par voie d'alliance, ces deux postérités devaient procéder de deux alliances distinctes. Conséquemment, plusieurs baptistes considéraient que Dieu avait conclu deux alliances en Abraham : l'alliance de grâce avec Abraham et sa postérité spirituelle (les croyants), et l'alliance de la circoncision avec Abraham et sa postérité naturelle (les circoncis)[39]. Cela ne signifie pas pour autant que les baptistes voyaient deux alliances abrahamiques formelles. Les baptistes, nous l'avons vu, considéraient que l'alliance de grâce ne s'était pas manifestée sous la forme d'une alliance formelle avant l'établissement de la nouvelle alliance. Ils ne considéraient pas que l'alliance de grâce avait été formellement établie avec Abraham dans Genèse 12 ; ils considéraient qu'elle lui

---

39. Jeffrey D. Johnson, dans *The Fatal Flaw*, rejette la séparation que Nehemiah Coxe et d'autres baptistes faisaient à l'intérieur de l'alliance abrahamique : « Contrairement à Coxe, je soutiens que les promesses de Dieu faites à Abraham dans Genèse 12 et 17 ne peuvent être séparées. Je crois que ces promesses rapportées dans ces deux chapitres font partie de la même alliance. Toutefois, l'alliance abrahamique est par essence deux alliances en une » (p. 216). À la page suivante, il précise cependant que, sur le fond, il est d'accord avec Coxe : « Néanmoins, bien que je diverge de Coxe sur ce point secondaire, je suis tout à fait d'accord avec sa principale prémisse : l'alliance abrahamique ne peut être correctement comprise sans différencier et séparer les deux alliances qui ressortent des promesses qui lui furent données. » Samuel Petto, de son côté, avait compris qu'il ne pouvait pas séparer les deux postérités d'Abraham en deux alliances sans perdre du même coup la mixité de l'alliance de grâce. C'est pourquoi il écrit : « Je veux dire que le signe de l'alliance était la circoncision (Ge 17.7-15). Il s'agit, en effet, de la même alliance en substance que dans Genèse 12, mais sous une nouvelle édition. » *Infant-Baptism Vindicated from the Exceptions of Mr. Thomas Grantham*, p. 6. À première vue, Petto et Johnson semblent dire la même chose, à savoir qu'il n'y a pas deux alliances abrahamiques, mais une seule. Cependant, lorsque vient le temps d'appliquer le dualisme à l'intérieur de l'alliance abrahamique, Petto se contente de distinguer entre la substance et l'administration, et maintient ce dualisme dans la même alliance de grâce, tandis que Johnson affirme que ces deux réalités distinctes (physique et spirituelle) se concrétisent par deux alliances distinctes et séparées : l'ancienne et la nouvelle. Il y a là une différence fondamentale.

avait été simplement révélée et promise. Ils voyaient donc une seule alliance abrahamique formelle, l'alliance de la circoncision établie dans Genèse 17, tout en distinguant nettement de cette alliance la promesse (l'alliance de grâce) que Dieu lui avait faite précédemment. Cette distinction entre la promesse révélée à Abraham et l'alliance conclue avec Abraham est sans équivoque chez John Spilsbury :

> Encore une fois, on l'appelle la promesse, et non, l'alliance. Nous savons que chaque promesse n'est pas une alliance. Il y a une grande différence entre une promesse et une alliance. Maintenant, que l'on comprenne bien ce que l'on veut dire ici par « la promesse » : il s'agit de l'envoi du Messie, la descendance par laquelle les nations seront bénies, ainsi que l'envoi d'un sauveur ou d'un rédempteur pour Israël[40].

Daniel King, un baptiste du XVIIe siècle, considérait que l'alliance de grâce était uniquement promise dans l'Ancien Testament et qu'elle n'était pas encore établie en tant qu'alliance formelle : « Il y a une différence entre une promesse et une alliance : Dieu promet "Je ferai une nouvelle alliance" (Jé 31.33). Ici il promet de faire une alliance, mais il ne s'agissait pas d'une alliance en vigueur avant la mort du Christ et la confirmation par son sang[41]. »

Thomas Patient séparait aussi la promesse (c.-à-d. l'alliance de grâce) de l'alliance de la circoncision : « Cette promesse est citée par l'apôtre Paul comme alliance de l'Évangile dans Romains 4.3 en opposition à l'alliance de la circoncision établie dans la chair avec la

---

40. John Spilsbury, *A Treatise Concerning the Lawfull Subject of Baptisme*, p. 26. Spilsbury considérait que l'alliance abrahamique était l'alliance de grâce. Cependant, il appliquait la distinction entre la promesse et l'alliance dans le sens qu'il ne peut y avoir d'alliance sans la foi dans la promesse. Une promesse sans une réponse (sans la foi) n'est pas une alliance. Merci au pasteur Samuel Renihan pour cette précision ! Cela démontre que les baptistes calvinistes, malgré des divergences dans leur façon de présenter l'alliance de grâce, étaient unanimes concernant le credofédéralisme, c'est-à-dire que l'alliance de grâce a toujours requis la foi pour être en vigueur. Sans une foi qui vient du Saint-Esprit, on ne peut entrer dans l'alliance de grâce (Jn 3.3-6).
41. Daniel King, *A Way to Sion Sought Out, and Found, For Believers to Walke in*, Londres, imprimé par Charles Sumptner, 1649, p. 16. Son livre fut entériné par John Spilsbury, William Kiffin, Thomas Patient et John Pearson.

descendance naturelle d'Abraham[42]. » C'est de cette manière que les baptistes comprenaient qu'il y avait deux alliances avec Abraham, non pas deux alliances formelles, mais une promesse qui révélait l'alliance de grâce suivie de l'alliance de la circoncision. À la lumière de Galates 4.22-31, les théologiens de la Confession de 1689 considéraient que les deux alliances qui sortirent d'Abraham (Agar et Sara) étaient l'ancienne et la nouvelle alliance. L'alliance de la circoncision, Agar, correspondait à l'ancienne alliance ; une alliance des œuvres établie avec la postérité physique d'Abraham. L'alliance de la promesse, Sara, correspondait à la nouvelle alliance ; l'alliance de grâce révélée à Abraham et conclue avec Christ, et la postérité spirituelle d'Abraham (Ga 3.29).

La divergence fondamentale entre les presbytériens et les baptistes concernant l'alliance abrahamique se trouvait ici. Les premiers n'envisageaient pas séparément Ismaël et Isaac, Agar et Sara, la promesse et la circoncision, l'ancienne et la nouvelle alliance. Ils unissaient ces dualités à l'intérieur d'une même alliance de grâce, qui possédait à la fois une réalité physique et spirituelle, une substance interne et une administration externe, des bénédictions terrestres et célestes. Ce système se tenait par lui-même, mais il n'arrivait pas à s'harmoniser naturellement aux données bibliques, et en particulier au fait qu'il n'y eut pas une, mais deux alliances en Abraham (Ga 4.24).

Les baptistes, en s'appuyant sur l'exégèse de Galates 4.22-31, séparaient les dualités contenues en Abraham de manière à reconnaître que deux alliances sortirent du patriarche. Voici comment Nehemiah Coxe résumait la compréhension baptiste de ce passage :

---

42. Thomas Patient, *The Doctrine of Baptism, And the Distinction of the Covenants*, au début du chaptire 8. D'après Genèse 18.18,19, c'est par l'accomplissement de la loi, symbolisée par la circoncision (Ga 5.3 ; Ac 15.10), que la postérité d'Abraham devait obtenir la bénédiction promise (Mt 5.17). Autrement dit, la promesse était conditionnelle à l'obéissance d'Israël ; Christ, l'Israël de Dieu, a tout accompli (Jn 19.30). Voir Jeffrey D. Johnson, « The Fatal Flaw of Infant Baptism : The Dichotomous Nature of the Abrahamic Covenant », dans *Recovering a Covenantal Heritage*, p. 238-242.

Après avoir fait la lecture du contexte, vous verrez que l'allégorie sur laquelle insiste l'apôtre est fondée sur la vérité historique qu'Abraham avait une double descendance :

1. Une lui fut donnée par la vigueur naturelle et le cours ordinaire des choses, l'autre lui fut accordée en vertu d'une promesse. L'une était d'Ismaël, enfanté par Hagar, une femme esclave, l'autre était d'Isaac, enfanté par Sarah, une femme libre.
2. La femme esclave et son fils avaient priorité de conception et de naissance sur la femme libre et son fils.
3. Au fil des années, le fils de la servante né selon la chair se mit à persécuter le fils de la femme libre né selon l'Esprit ; il en est ainsi en vertu de la promesse. C'est pour cette raison que la servante et son fils furent rejetés de la famille, et qu'Isaac resta le seul héritier de la bénédiction de son père.

L'apôtre affirme que ces choses furent commandées par Dieu comme préfiguration pour le temps de l'Évangile, et il les applique comme suit :

Agar préfigurait le mont Sinaï et l'alliance légale qui y fut établie, et Ismaël était un type de la descendance charnelle d'Abraham sous cette alliance. Sarah préfigurait la nouvelle Jérusalem, l'Église fondée sur l'alliance de grâce, et Isaac était un type des véritables membres de cette Église, des membres qui sont nés de l'Esprit, convertis par la puissance du Saint-Esprit en accomplissement de la promesse du Père faite à Jésus le médiateur. Le rejet d'Agar et d'Ismaël devait préfigurer l'abrogation de l'alliance sinaïtique ainsi que la fin de l'Église-État juive afin que l'héritage des bénédictions spirituelles soit clairement transmis à ceux qui sont enfants de Dieu par la foi en Jésus-Christ[43].

Comprendre le fonctionnement du dualisme de l'alliance abrahamique est essentiel pour tout système théologique. Nous croyons que le fédéralisme presbytérien tout comme le dispensationalisme ont échoué dans cette tâche en confondant les promesses de l'alliance de grâce avec l'alliance de la circoncision. Les presbytériens ont ainsi rendu l'alliance de grâce mixte, et les dispensationalistes ont

---

43. Nehemiah Coxe, *A Discourse of the Covenants*, p. 130-131.

donné aux descendants physiques d'Abraham un statut distinct et permanent de peuple de Dieu. Dans les deux cas, les bénédictions spirituelles et permanentes ont été amalgamées à l'alliance de la circoncision terrestre et temporaire[44].

Il se trouve, cependant, que les Écritures ne distinguent pas toujours entre l'aspect physique-terrestre et l'aspect spirituel-céleste de l'alliance abrahamique. En effet, ces deux réalités, avec leurs bénédictions respectives, sont tellement souvent mises côte à côte dans l'Écriture que l'on pourrait croire qu'il s'agit de deux réalités d'une même alliance, comme les presbytériens l'envisageaient. Les baptistes, conscients de cette difficulté, expliquaient que les deux postérités d'Abraham, avec leur héritage respectif, bien que distinctes, furent entrelacées tout au long de l'ancienne alliance. À cet effet, Coxe écrit :

> J'ai essayé de discuter clairement des promesses faites à Abraham. D'abord celles qui appartiennent à sa postérité spirituelle, puis celles qui appartiennent à sa postérité naturelle. Ces promesses, différentes en nature et en importance, se trouvent souvent entremêlées dans la même relation de Dieu avec Abraham, car, dans l'histoire sacrée, elles nous sont présentées comme étant entrelacées les unes avec les autres[45].

Examinons maintenant ce point.

2.1.2. *L'entrelacement des deux postérités sous l'ancienne alliance*

Coxe admettait que certaines promesses faites à la postérité spirituelle d'Abraham étaient parfois présentées en des termes qui laissaient comprendre un bienfait immédiat pour sa postérité naturelle.

---

44. Jeffrey D. Johnson remarque également cette erreur commune entre les presbytériens et les dispensationalistes : « Les pédobaptistes placent leur descendance biologique dans une relation spéciale avec Dieu, tandis que les dispensationalistes placent encore la descendance biologique d'Abraham dans une relation spéciale avec Dieu » (*The Fatal Flaw of the Theology Behind Infant Baptism*, p. 79, note 16).
45. Nehemiah Coxe, *A Discourse of the Covenants*, p. 122.

Loin d'y voir une évidence en faveur de la mixité de l'alliance de grâce, Coxe y voyait une typologie. Il écrit :

> Il faut admettre que certaines de ces promesses qui concernent ultimement la descendance spirituelle et les bénédictions spirituelles sont parfois attribuées à Abraham selon les termes qui s'appliquent, dans l'immédiat, à sa descendance naturelle, et à des bénédictions temporelles comme une préfiguration des autres [...] Voici ce qui en découle : l'apôtre décrit la descendance charnelle comme un type de la descendance spirituelle, qui est elle-même préfigurée par la descendance charnelle[46].

Par exemple, Coxe voyait cet entrelacement dans l'exode d'Israël[47]. La libération de l'Égypte était une rédemption terrestre accordée aux enfants physiques d'Abraham. Cependant, l'Écriture présente aussi cet événement comme un type de la délivrance spirituelle de l'Église. Il ne s'agit pas, cependant, de la même alliance ni de la même bénédiction ni de la même postérité. Bien que l'alliance de grâce et l'alliance de la circoncision, la rédemption terrestre et la rédemption céleste ainsi que les postérités physique et spirituelle soient entrelacées dans cet événement, il est absolument nécessaire de les distinguer, sinon leur nature respective sera altérée[48]. Coxe explique :

> À présent, il suffit de vous rappeler qu'il n'y a aucun moyen d'éviter la confusion et les amalgames dans notre compréhension de ces choses à moins de garder les yeux ouverts sur la distinction qui existe entre les descendances d'Abraham, soit celle spirituelle, soit celle naturelle, avec les promesses qui leur appartiennent respectivement. Car cette alliance de circoncision conclue avec la descendance naturelle ne peut pas offrir de bénédictions spirituelles et éternelles comme elle donne droit à un croyant (même à

---
46. *Ibid.*, p. 76.
47. *Ibid.*, p. 123.
48. Thomas Patient note qu'il était possible d'être sous une rédemption typologique tout en demeurant sous la colère de Dieu, comme beaucoup d'Israélites qui furent délivrés de l'Égypte par Dieu sans bénéficier de la rédemption en Jésus-Christ (voir *The Doctrine of Baptism, And the Distinction of the Covenants*, fin du chapitre 15). Cette remarque est très pertinente pour éviter de confondre les bénédictions accordées aux descendances respectives d'Abraham.

un enfant d'Abraham) d'accéder aux bénédictions temporelles du pays de Canaan en tant que préfiguration. Je ne vois aucune raison pour admettre que, selon l'alliance, des bénédictions spirituelles (comme les bénédictions temporelles qui les préfiguraient) appartiennent à la descendance naturelle, et ne pas admettre aussi que, selon la même alliance, des bénédictions temporelles appartiendraient à la descendance spirituelle. Je dis ceci parce que certains pensent que les deux choses sont incluses dans la même alliance, et que les deux promesses ont été scellées du même sceau. Mais, en vérité, en dépit de la relation de cette alliance avec l'alliance de grâce, elle en demeure distincte[49].

Les postérités d'Abraham étaient donc souvent entrelacées dans leur manifestation, mais elles étaient toujours ontologiquement distinctes. Une autre raison de cet entrelacement vient du fait que les postérités d'Abraham n'étaient pas nécessairement distinctes quant à leurs sujets. En effet, une même personne pouvait à la fois faire partie des descendances physique et spirituelle d'Abraham, ce qui explique que deux catégories de promesses pouvaient être faites aux mêmes personnes sans que ces promesses soient l'essence d'une même alliance de grâce. John Owen explique que cette réalité occasionnait un chevauchement entre les postérités d'Abraham sans qu'elles soient confuses pour autant :

> Compte tenu de ces deux aspects distincts en Abraham, une double descendance lui fut accordée : *une descendance naturelle,* la lignée d'où devait venir le Messie selon la chair ; et *une descendance en vertu de la promesse,* dont font partie ceux qui ont la foi, soit tous les élus de Dieu. Cela ne signifie pas que ces deux descendances sont toujours *subjectivement* distinctes, de sorte que la postérité d'où est issu le Messie selon la chair différerait totalement ou en partie de la postérité selon la promesse ; ou bien, au contraire, qu'aucun membre de la postérité selon la promesse ne serait issu de sa descendance naturelle. [...] Mais, parfois, la même descendance peut être considérée sous différents aspects : la descendance d'Abraham peut être à la fois selon la chair et selon

---

49. Nehemiah Coxe, *A Discourse of the Covenants*, p. 93.

la promesse, et, parfois, elle peut même être distincte selon que les descendants selon la chair n'appartiennent pas à la promesse et, inversement. Ainsi, Isaac et Jacob étaient tous les deux de la descendance naturelle d'Abraham, désignés comme une lignée d'où sortirait le Messie selon la chair, et ils appartenaient aussi à la descendance selon la promesse, car, ayant une foi personnelle, ils étaient inclus dans l'alliance d'Abraham, leur père[50].

Déjà, en 1643, John Spilsbury avait la même compréhension. Il déclare que si les postérités d'Abraham étaient distinctes, les alliances issues de lui devaient l'être également. Il reconnaissait cependant que certaines bénédictions et promesses étaient communes aux deux postérités :

> Tout comme il y avait une distinction établie par Dieu à l'égard de la postérité d'Abraham avant la circoncision [...], la même distinction doit se refléter dans l'alliance. Celle-ci comprend divers éléments qui étaient scellés par la circoncision pour tous ceux qui en faisaient partie. Certains éléments appartenaient donc aux deux postérités, et d'autres, à une seule[51].

Que les descendants physiques et spirituels d'Abraham aient reçu des promesses en commun ne signifiait pas pour autant que ces promesses avaient la même valeur pour chacune des deux postérités. Par exemple, la promesse d'être « leur Dieu », comme nous l'avons vu plus haut, avait un sens différent en fonction de l'alliance de laquelle elle procédait et aussi en fonction de la postérité à qui elle était faite, comme l'écrit Edward Hutchinson : « C'est aux deux postérités que Dieu a promis d'être leur Dieu, mais, d'une manière différente et à différents égards[52]. »

Une autre importante raison, croyons-nous, pour laquelle l'alliance de grâce fut entrelacée avec l'alliance de la circoncision vient de ce que Dieu plaça sa promesse sous la garde de l'ancienne alliance afin de la préserver (Ga 3.23). Dès cet instant, la promesse (l'alliance

---

50. John Owen, *An Exposition of the Epistle to the Hebrews*, vol. 1, Carlisle, The Banner of Truth Trust, 1991, p. 121-122 (italique ajouté).
51. John Spilsbury, *A Treatise Concerning the Lawfull Subject of Baptisme*, p. 7.
52. Edward Hutchinson, *A Treatise Concerning the Covenant and Baptism*, p. 26.

de grâce) ne pouvait plus être détachée de l'alliance de la circoncision (l'ancienne alliance). Nous allons approfondir ce point alors que nous examinons, maintenant, l'alliance mosaïque.

3. L'ALLIANCE MOSAÏQUE

L'alliance conclue entre Dieu et Israël au désert du Sinaï était une progression de l'alliance de la circoncision. L'alliance sinaïtique fut spécifiquement conclue avec la postérité physique d'Abraham en vue de l'accomplissement des promesses de l'alliance abrahamique. La postérité naturelle d'Abraham devait hériter de la terre promise, et l'alliance sinaïtique était destinée à cette fin. On peut se demander si le fédéralisme baptiste, contrairement à l'approche presbytérienne, rendait complètement futiles les alliances avec la postérité physique d'Abraham. En effet, si l'ancienne alliance n'était pas l'alliance de grâce, qu'elle avait des visées terrestres et concernait uniquement la postérité physique d'Abraham, pourquoi avoir donné cette alliance et lui avoir fait occuper une place prépondérante au point où la postérité spirituelle d'Abraham n'était, en comparaison, qu'un reste insignifiant (Ro 9.27) ? Pourquoi avoir donné cette alliance qui était inutile (Hé 7.18) alors que l'alliance de grâce était opérationnelle indépendamment d'elle ? Owen soulève la même question :

> Si cette nouvelle alliance de grâce existait et était efficace à l'époque de l'Ancien Testament de sorte que l'Église était sauvée en vertu d'elle et par la médiation du Christ, comment se peut-il qu'il y aurait eu en même temps une autre alliance entre Dieu et les hommes, une alliance de nature différente, et accompagnée d'autres promesses et d'autres effets[53]?

---

53. John Owen, *An Exposition of Hebrews 8.6-13*, p. 180. Jean Calvin pose également une question semblable en discutant des différences entre l'Ancien et le Nouveau Testament : « Mais objectera-t-on encore, d'où vient cette diversité, sinon que Dieu l'a voulue. Ne pouvait-il pas, avant l'avènement de Christ comme après, révéler la vie éternelle en termes clairs et sans figure ? Ne pouvait-il pas instituer pour les siens des sacrements transparents ? Ne pouvait-il pas dispenser son Saint-Esprit avec abondance ? Ne pouvait-il pas accorder sa grâce à tout le monde ? » (*Institution*, II, XI, 14.)

L'apôtre Paul pose aussi la même question : « Pourquoi donc la loi ? » (Ga 3.19) Ceci nous amène à expliquer le but spécifique de l'ancienne alliance selon la théologie baptiste.

3.1. Le but de l'ancienne alliance

[19] Pourquoi donc la loi ? Elle a été donnée ensuite à cause des transgressions, jusqu'à ce que vînt la postérité à qui la promesse avait été faite ; elle a été promulguée par des anges, au moyen d'un médiateur. [20] Or, le médiateur n'est pas médiateur d'un seul, tandis que Dieu est un seul. [21] La loi est-elle donc contre les promesses de Dieu ? Loin de là ! S'il eût été donné une loi qui pût procurer la vie, la justice viendrait réellement de la loi. [22] Mais l'Écriture a tout renfermé sous le péché, afin que ce qui avait été promis fût donné par la foi en Jésus-Christ à ceux qui croient. [23] Avant que la foi vînt, nous étions enfermés sous la garde de la loi, en vue de la foi qui devait être révélée. [24] Ainsi la loi a été comme un pédagogue pour nous conduire à Christ, afin que nous fussions justifiés par la foi (Ga 3.19-24).

Le but de l'alliance avec la postérité physique d'Abraham (c.-à-d. l'ancienne alliance ou la loi) n'était donc pas futile, puisqu'il consistait à conduire à Christ. Cette finalité fut accomplie au moins de trois façons d'après la compréhension des auteurs baptistes du XVIIe siècle : (1) en préservant à la fois la lignée messianique et l'alliance de grâce ; (2) en pointant typologiquement vers Christ ; (3) en renfermant tout sous le péché afin qu'il ne subsiste que la foi en Christ pour obtenir l'héritage promis.

(1) Dieu promit à Abraham que l'accomplissement de sa promesse, par laquelle toutes les nations seraient bénies, se réaliserait par sa postérité, c'est-à-dire Christ (Ga 3.16). Conséquemment, la lignée abrahamique jusqu'au Messie devait être préservée par une alliance avec la postérité naturelle d'Abraham (Ro 9.4,5). En accord avec Romains 9.5, John Spilsbury déclare que le privilège d'Israël était d'amener le Messie promis, et non d'être dans l'alliance de grâce en

vertu de leur filiation abrahamique[54]. Le but de la succession généalogique d'Abraham n'était pas d'établir un principe perpétuel pour inclure la descendance naturelle de tous les membres d'une alliance, mais uniquement de la conduire à sa postérité ultime qui, en ce sens, était son unique postérité. Fred Malone écrit : « Toutefois, l'élément généalogique des alliances historiques de l'Ancien Testament ne fut nécessaire que pour présenter la descendance physique finale d'Abraham à qui les promesses furent faites : Jésus-Christ[55] ». Une fois la fin atteinte, le moyen pour y conduire devait prendre fin. Alan Conner écrit :

> Le principe généalogique de l'alliance abrahamique a été porté à son point culminant. Il n'y a plus aucune raison de le poursuivre en tant que principe allianciel, puisque « la postérité » est venue dans le monde. Le Christ est le dernier de la lignée physique de l'alliance abrahamique à qui les promesses furent faites. Il n'y a pas d'autre descendance physique au-delà du Christ vers qui ces promesses étaient orientées[56].

Puisque la postérité physique d'Abraham existait en vertu de l'alliance de la circoncision (l'ancienne alliance), lorsque son but fut accompli (conduire à Christ par la préservation de la postérité physique d'Abraham), l'alliance avec les descendants naturels d'Abraham prit fin. Sur quelle base peut-on maintenir une succession généalogique une fois l'ancienne alliance terminée ? John Owen écrit :

> Si cette séparation et ce privilège *[c.-à-d. la mise à part d'Israël et sa préservation par le moyen d'une alliance]* devaient cesser lors de leur accomplissement et lors de la venue du Messie [...], pour quelle raison devraient-ils continuer alors que tout ce qui fut planifié fut aussi entièrement réalisé [57]?

---

54. John Spilsbury, *A Treatise Concerning the Lawfull Subject of Baptisme*, p. 20-21.
55. Fred Malone, *Baptism of Disciples Alone*, p. 69-70.
56. Alan Conner, *Covenant Children Today : Physical or Spiritual ?*, Owensboro, Reformed Baptist Academic Press, 2007, p. 18.
57. John Owen, *An Exposition of the Epistle to the Hebrews*, vol. 1, p. 122.

Non seulement le but de l'ancienne alliance était d'assurer le maintien de la lignée abrahamique jusqu'à Christ, mais de préserver aussi la promesse (c.-à-d. l'alliance de grâce) réservée à l'intérieur de cette même alliance[58]. Ainsi, l'Écriture affirme : « Quel est donc l'avantage des Juifs, ou quelle est l'utilité de la circoncision ? Il est grand de toute manière, et tout d'abord en ce que les oracles de Dieu leur ont été confiés. » (Ro 3.1,2) Selon l'apôtre, l'alliance de la circoncision fut donnée expressément pour la préservation des oracles (*logia*) divins. Ces oracles incluaient la révélation de l'alliance de grâce. L'alliance de grâce fut révélée et promise à Abraham ainsi qu'à ses descendants pendant toute la durée de l'ancienne alliance, mais elle ne fut pas conclue avant l'établissement de la nouvelle alliance en Jésus-Christ.

(2) L'ancienne alliance menait à Christ en pointant typologiquement vers lui. Les pédobaptistes comme les baptistes étaient conscients que les bénédictions terrestres offertes par l'ancienne alliance (la délivrance de l'Égypte, Canaan, les tabernacles, etc.) étaient toutes des types des bénédictions célestes de la nouvelle alliance. Herman Witsius écrit : « Mais nous observons que ces promesses externes étaient des types de ce qui est spirituel et céleste[59]. » Cependant, les presbytériens et les baptistes n'envisageaient pas de la même manière cette typologie : pour les premiers, le type et la réalité procédaient de la même alliance, tandis que pour les seconds, le type et la réalité constituaient deux alliances séparées. Ceci nous ramène aux deux paradigmes concernant l'alliance de grâce, et leur relation avec l'ancienne et la nouvelle alliance. L'ancienne alliance

---

58. En s'appuyant sur les écrits de Jérôme et d'Ambroise, Henry Lawrence affirme que la circoncision était une marque distinctive d'Israël pour éviter qu'il ne soit assimilé aux autres nations et qu'ainsi la promesse ne se perde avant d'être accomplie (*Of Baptism*, p. 75 et s.). Thomas Patient partage cette même conception concernant le but de la circoncision : « Afin que cette alliance de la circoncision serve à apposer un sceau à Abraham dans le but de confirmer cette autre alliance *[l'alliance de grâce]* et serve de guide pour mener à Christ » (*The Doctrine of Baptism, And the Distinction of the Covenants*, chapitre 9, 2ᵉ argument).
59. Herman Witsius, *The Economy of the Covenants*, vol. 2, p. 151.

pointait donc vers Christ et vers la réalisation des promesses sous la nouvelle alliance.

(3) La troisième façon dont l'ancienne alliance menait à Christ était par sa condamnation du péché. Ce point est particulièrement mis en avant par l'apôtre Paul dans Galates 3 :

> [19] Pourquoi donc la loi ? Elle a été donnée ensuite à cause des transgressions [...] [22] l'Écriture a tout renfermé sous le péché, afin que ce qui avait été promis fût donné par la foi en Jésus-Christ à ceux qui croient. [23] Avant que la foi vînt, nous étions enfermés sous la garde de la loi, en vue de la foi qui devait être révélée. [24] Ainsi la loi a été comme un pédagogue pour nous conduire à Christ, afin que nous fussions justifiés par la foi.

Un passage parallèle dans les épîtres de Paul explique que le ministère de l'ancienne alliance était celui de la condamnation et de la mort :

> [6] Il nous a aussi rendus capables d'être ministres d'une nouvelle alliance, non de la lettre, mais de l'Esprit ; car la lettre tue, mais l'Esprit vivifie. [7] Or, si le ministère de la mort, gravé avec des lettres sur des pierres, a été glorieux, au point que les fils d'Israël ne pouvaient fixer les regards sur le visage de Moïse, à cause de la gloire de son visage, bien que cette gloire fût passagère, [8] combien le ministère de l'Esprit ne sera-t-il pas plus glorieux ! [9] Si le ministère de la condamnation a été glorieux, le ministère de la justice est de beaucoup supérieur en gloire. (2 Co 3.6-9)

Le fédéralisme presbytérien était un peu perplexe devant de telles affirmations. En effet, le presbytérianisme voyait l'ancienne alliance comme une alliance de grâce. Cette conception était difficilement conciliable avec l'idée que l'alliance de la loi avait pour but de mettre en évidence le péché et de le condamner. Inversement, les presbytériens auraient pu objecter que si l'ancienne alliance était bel et bien conditionnelle, elle aurait été incompatible avec les promesses de Dieu à Abraham et la gratuité de sa grâce. N'est-ce pas à cette objection que Paul veut répondre en écrivant : « La loi est-elle donc contre les promesses de Dieu » (Ga 3.21) ? Selon l'apôtre, la loi devait mener à Christ en ne laissant au pécheur aucun autre refuge que la grâce de Dieu par la foi. John Owen explique que la promesse et la loi, bien que radicalement différentes l'une de l'autre, n'étaient pas opposées l'une à l'autre, mais convergeaient vers Christ.

> Car bien que la loi rejette en effet le péché, convainque du péché et condamne le péché, et qu'elle définisse les limites des transgressions et des transgresseurs, Dieu n'avait pas prévu que cette loi servirait à donner la vie et la justice ; elle ne pouvait pas le faire non plus. Le but de la promesse était d'apporter justice, justification et salut par Christ à ceux pour qui elle avait été donnée. Cependant, il ne s'agissait pas du but pour lequel la loi fut réaffirmée dans l'alliance sinaïtique, car, même si elle requérait une justice parfaite et qu'elle offrait en conséquence la promesse de la vie (*celui qui fait ces choses vivra par elles*), elle ne pouvait pourtant offrir ni la justice ni la vie aux pécheurs (voir Ro 8.3 ; 10.4). Pour cette raison, la promesse et la loi, ayant leur propre but, ne sont pas contraires l'une de l'autre[60].

Cette troisième façon de mener à Christ correspondait à la compréhension que les baptistes avaient de la nature de l'ancienne alliance. Ils voyaient celle-ci comme une alliance des œuvres, c'est-à-dire une alliance dont les bénédictions ou les malédictions étaient déterminées par l'obéissance ou la désobéissance de ses membres. Pour clore ce chapitre, examinons plus en détail la nature de l'ancienne alliance.

3.2. La nature de l'ancienne alliance

Au point 1.2.1 de ce chapitre, nous avons vu que beaucoup de presbytériens envisageaient l'alliance mosaïque comme étant inconditionnelle. Cependant, certains pédobaptistes, ainsi que la plupart des baptistes, ne partageaient pas ce point de vue, puisqu'ils voyaient l'ancienne alliance comme une alliance des œuvres, c'est-à-dire une alliance conditionnelle. Dans cette section, nous examinerons la relation entre l'ancienne alliance et l'alliance des œuvres donnée à Adam.

---

60. John Owen, *An Exposition of Hebrews 8.6-13*, p. 193.

L'alliance des œuvres conclue à la création exigeait de l'homme une parfaite obéissance. La bénédiction de cette alliance dépendait entièrement de l'obéissance d'Adam, car elle ne prévoyait aucune miséricorde ni expiation en cas de désobéissance, mais uniquement la mort. Il en était autrement avec l'ancienne alliance. L'Écriture présente cette alliance comme une alliance de rédemption ; l'ancienne alliance reposait sur un sacerdoce (Hé 7.11). D'une certaine manière, il était prévu que le peuple pécherait et qu'il subsisterait néanmoins grâce au système sacrificiel lévitique. John Ball s'appuyait sur le fait que l'ancienne alliance prévoyait le pardon des péchés – ce que n'aurait jamais pu faire l'alliance des œuvres – pour prouver qu'elle n'était pas une alliance d'œuvres, mais de grâce[61]. Herman Witsius arrivait à la même conclusion :

> L'alliance conclue avec Israël au mont Sinaï n'était pas formellement l'alliance des œuvres, premièrement parce que l'alliance des œuvres ne peut pas être renouvelée avec le pécheur comme si Dieu lui disait : « À l'avenir, si tu obéis parfaitement à chaque ordonnance de cette loi, tu seras justifié par elle, selon l'alliance des œuvres ». Dans un tel cas, il faudrait que le pardon des péchés passés soit supposé, ce que l'alliance des œuvres exclut[62].

Samuel Petto, qui considérait pourtant l'alliance mosaïque comme étant conditionnelle, reconnaissait qu'elle ne pouvait pas être strictement la même alliance des œuvres établie à la création :

> L'alliance des œuvres conclue avec le premier Adam étant violée, ce fut la fin de la promesse qui y était attachée. Cette alliance ne contenait plus de promesses si elle était brisée. Il ne restait que les malédictions, la menace de mort pour toute la descendance pécheresse d'Adam [...] Une fois brisée, l'alliance ne concernait plus des innocents ; elle ne fut plus jamais renouvelée avec l'homme comme auparavant[63].

---

61. John Ball, *A Treatise of the Covenant of Grace*, p. 108.
62. Herman Witsius, *The Economy of the Covenants*, vol. 2, p. 184.
63. Samuel Petto, *The Great Mystery of the Covenant of Grace*, p. 131-132. John Owen explique que peu importe le rapport qu'on établit entre l'alliance des œuvres et l'ancienne alliance, cette dernière ne fut jamais donnée comme

Rien, sous l'alliance des œuvres, ne prévoyait la réparation du péché par la substitution d'un juste. En ce sens, l'ancienne alliance était très différente de l'alliance des œuvres. Néanmoins, sous l'ancienne alliance, on retrouvait un principe propre à l'alliance donnée à Adam : « Vous observerez mes lois et mes ordonnances : l'homme qui les mettra en pratique vivra par elles » (Lé 18.5). Comment les baptistes, et certains pédobaptistes avec eux, concevaient-ils la nature de l'ancienne alliance si celle-ci n'était pas *l'alliance des œuvres* tout en étant *une alliance des œuvres* ? Quelle était la relation entre l'alliance des œuvres donnée à Adam et l'ancienne alliance donnée à Israël ? Benjamin Keach affirme qu'il y avait, entre les deux, continuité, mais non uniformité :

> Certes, on a donné à Israël une autre édition ou une autre administration de celle-ci. Bien qu'elle fût une alliance des œuvres, c'est-à-dire « fais ceci et tu vivras », elle n'a pas été donnée par le Seigneur pour la même fin ou le même dessein que l'alliance qui fut donnée à nos premiers parents, c'est-à-dire qu'elle ne leur fut pas donnée dans le but de les justifier ou de leur donner la vie éternelle[64].

Quelques années plus tard, Keach publia une collection de sermons sur l'alliance de grâce où il déclara de nouveau que l'alliance

---

une alliance de vie (Ga 3.21), comme l'alliance des œuvres le fut pour Adam : « L'Église d'Israël n'a jamais été totalement sous cette alliance en tant qu'alliance de vie (Ga 3.21), car au temps d'Abraham, la promesse lui fut donnée ainsi qu'à sa postérité. Et l'apôtre prouve qu'aucune loi ni alliance ne pouvait ensuite être faite qui devait annuler cette promesse (Ga 3.17). Mais en les plaçant sous l'ancienne alliance des œuvres, la promesse aurait été annulée, car cette alliance et la promesse sont diamétralement opposées. D'ailleurs, s'ils étaient sous cette alliance, ils étaient aussi tous sous la malédiction et auraient péri éternellement, ce qui est tout à fait faux, car on a rendu témoignage d'eux qu'ils plurent à Dieu, par la foi, et qu'ils furent ainsi sauvés » (*An Exposition of Hebrews 8 6-13*, p. 171). La plupart de ceux qui considéraient l'ancienne alliance comme une alliance des œuvres ne pensaient pas que Dieu avait donné cette alliance pour qu'Israël cherche à obtenir la vie en obéissant à la loi. L'ancienne alliance réaffirmait l'alliance des œuvres, mais dans un but totalement différent que lorsqu'elle fut donnée à Adam (voir note 31).

64. Benjamin Keach, *The Everlasting Covenant*, p. 7.

des œuvres fut réaffirmée par l'ancienne alliance, mais à d'autres fins que lors de sa proclamation initiale :

Bien qu'il soit évident que, par la suite, Dieu renouvela plus clairement et plus formellement cette loi des œuvres avec le peuple d'Israël [...], non pas donnée comme administration qui procure la vie, comme c'était auparavant en Adam, mais néanmoins réaffirmée, Saint Paul la désignait fréquemment comme ancienne alliance, ou la loi des œuvres, laquelle exigeait une obéissance parfaite de tous ceux qui en faisaient partie[65].

Cette précision constituait une caractéristique essentielle du fédéralisme baptiste, à savoir que l'alliance des œuvres, après la chute, ne fut jamais plus utilisée pour les descendants d'Adam comme « une loi qui pouvait procurer la vie » (Ga 3.21). Cela ne signifie pas que l'alliance des œuvres n'avait plus d'utilité ni qu'elle était absente des alliances que Dieu établissait avec son peuple. Au contraire, elle fut réaffirmée, mais avec un objectif précis : celui de conduire à Christ en mettant en évidence le péché et le besoin d'un Sauveur (Ro 3.20 ; Ga 3.24). Le principe « fais cela et tu vivras » de l'alliance des œuvres fut réaffirmé par une autre alliance (Lé 18.5) dans un sens typologique. Selon cette conception, donc, l'ancienne alliance n'était pas en elle-même l'alliance des œuvres, même si elle la réaffirmait. En accord avec l'alliance des œuvres, l'ancienne alliance exigeait l'obéissance à la loi de Dieu comme condition pour l'obtention des bénédictions promises[66], mais, contrairement à l'al-

---

65. Benjamin Keach, *The Display of Glorious Grace*, p. 15.
66. La moindre désobéissance à la loi constituait un péché digne de mort (Ro 6.23), mais pas nécessairement une transgression de l'ancienne alliance. Il est nécessaire de faire la distinction entre les exigences de la loi des œuvres affirmée sous l'ancienne alliance et les exigences de l'ancienne alliance elle-même envers Israël. Le maintien de l'ancienne alliance reposait sur le sacerdoce lévitique (Hé 7.11), et non sur une obéissance absolue. Dieu prévoyait donc que ses commandements seraient transgressés en même temps que son alliance serait maintenue. J. R. Williamson écrit : « Si l'obéissance requise devait être absolue et parfaite tant dans le cœur que dans le discours et dans l'action, alors l'alliance n'aurait pas duré jusqu'à la fin de la journée où elle fut déclarée en vigueur. Au lieu de cela, l'obéissance requise fut plutôt de caractère général et national. Dieu a gracieusement passé par-dessus les

liance des œuvres, l'ancienne alliance reposait sur un système sacrificiel pour le rachat des pécheurs, pointant ainsi vers la médiation de Christ[67]. En cela, l'ancienne alliance était à la fois un type de l'alliance des œuvres en Adam et de la nouvelle alliance en Jésus-Christ. Le principe de l'alliance des œuvres étant réaffirmé dans l'ancienne alliance, la nécessité de la médiation de Christ devenait évidente, et elle était préfigurée par le système sacrificiel de cette alliance. Cependant, les sacrifices de l'ancienne alliance ne pouvaient pas accomplir efficacement la justice de la loi, c'est pourquoi ils n'avaient qu'une valeur typologique et étaient temporaires. Tant qu'ils étaient offerts, ces sacrifices rappelaient que les exigences de la loi n'étaient pas satisfaites, puisque le péché subsistait encore, et la loi continuait de peser sur les membres de l'ancienne alliance comme une malédiction (voir Hé 10.1-14). Ainsi Christ naquit sous la loi (Ga 4.4) afin de l'accomplir par sa parfaite obéissance (Mt 5.17 ;

---

nombreuses offenses. Cependant, l'alliance aurait été rompue si Israël avait continuellement péché et avait été une nation rebelle qui méprisait la Parole de Dieu » (*From the Garden of Eden to the Glory of Heaven*, Amityville, Calvary Press, 2008, p. 115) ; même affirmation chez Herman Witsius (*The Economy of the Covenants*, vol. 2, p 184). L'ancienne alliance ne fut donc pas donnée comme une alliance de vie à Israël (Ga 3.21). Par contre, elle était typologique de l'alliance que Christ allait accomplir pour l'obtention de la vie éternelle. C'est pour cette raison que Samuel Petto considérait que l'ancienne alliance, tout en ayant une fonction particulière pour Israël, révélait la mission que Christ accomplirait (Ro 5.18-20 ; 8.3,4 ; Ga 3.13 ; 4.4,5). Petto écrit : « La loi du Sinaï ne fut pas donnée à Israël comme une alliance des œuvres. Elle fut conçue pour être une alliance des œuvres que Jésus-Christ accomplirait, comme on le voit plus tard ; cependant, le but de l'Éternel n'était pas qu'elle le soit pour Israël » (*The Great Mystery of the Covenant of Grace*, p. 113). Ce point est crucial pour comprendre la nature de l'ancienne alliance, sa relation avec l'alliance des œuvres, ses exigences pour Israël en tant que peuple d'alliance et la manière dont elle préfigure l'œuvre de Jésus-Christ en tant que dernier Adam et véritable Israël de Dieu. Nous n'avons pas l'espace nécessaire pour élaborer ce point davantage ; aussi renvoyons-nous nos lecteurs à l'ouvrage de Petto intitulé *Of the Nature of the Mount Sinai Covenant*, au chapitre VII.

67. Après la chute, on ne retrouve plus l'alliance des œuvres comme une loi de vie, car il aurait été impossible, en raison du péché, que des pécheurs puissent y subsister et obtenir la vie éternelle par elle (voir Ro 8.3 ; Ga 3.21). La malédiction de l'alliance des œuvres fut maintenue après la chute, et l'ancienne alliance en était un type afin de mettre en évidence sa nature et sa fonction.

Ro 5.19,20 ; Ga 3.13). Christ a donc accompli parfaitement la loi telle qu'elle était révélée dans l'ancienne alliance, mais les conditions que Christ a accomplies furent celles de sa propre alliance des œuvres, c'est-à-dire l'alliance de rédemption conclue entre le Père et le Fils pour le rachat des élus. John Owen résume ainsi le rapport entre l'ancienne alliance, l'alliance des œuvres et son accomplissement en Jésus-Christ :

> Cette alliance *[l'ancienne alliance]*, ainsi faite avec ses fins et ses promesses, n'a jamais sauvé ni condamné un homme éternellement. Tous ceux qui vivaient sous son administration obtenaient la vie éternelle ou périssaient à jamais, mais pas formellement en vertu de cette alliance. D'une part, elle a, en effet, rétabli le pouvoir et la sanction de la première alliance des œuvres [...] À cet égard, comme l'apôtre le dit, c'était « le ministère de la condamnation » (2 Co 3.9), « car nul ne sera justifié par les œuvres de la loi » (Ro 3.20). D'autre part, elle a également conduit à la promesse qui servit d'instrument offrant la vie et le salut à tous ceux qui croient. *[Cependant]*, en elle-même, elle concernait les choses temporelles. Les croyants furent sauvés sous son administration, mais pas par elle. Les pécheurs périssaient éternellement sous elle, mais par la malédiction de la loi originelle des œuvres[68].

Ainsi, l'ancienne alliance était, pour le peuple d'Israël, une alliance figurative, terrestre et conditionnelle qui devait le conduire à Christ en rappelant l'alliance des œuvres. L'exil d'Israël (De 28.15-68) symbolisait en quelque sorte l'exil d'Adam à l'orient du jardin d'Éden (Ge 3.23-24) et l'exil de l'humanité avec lui (Ro 5.12). Elle démontrait ce que le Fils d'Abraham, le dernier Adam, devait accomplir pour restaurer le paradis perdu et assurer la vie éternelle à son peuple. L'ancienne alliance, tout en étant différente, réaffirmait l'alliance des œuvres, non pas pour qu'Israël cherche la vie par ce moyen, mais pour montrer que Christ viendrait accomplir la loi. L'ancienne alliance n'était donc pas seulement nécessaire pour conduire à Christ ; elle l'était aussi pour que nous comprenions ce que Christ accomplirait

---

68. John Owen, *An Exposition of Hebrews 8.6-13*, p. 197-198.

et la raison pour laquelle il l'accomplirait[69]. Samuel Petto explique ce point important :

> En effet, je crois que l'une des raisons principales pour laquelle Dieu a donné à Israël cette alliance du Sinaï était de préparer la voie pour Christ, qui est né sous la loi afin de l'accomplir pour nous. Je ne vois pas comment Jésus-Christ pouvait naître sous la loi de manière visible si cette alliance du Sinaï n'avait pas été donnée ; car l'alliance des œuvres faite avec le premier Adam ayant été violée, la part de promesse qu'elle contenait n'existait plus ; une fois brisée, elle ne promettait plus rien, il ne restait que les malédictions, la menace de mort sur toute la postérité pécheresse d'Adam. Elle n'admettait aucun autre qui aurait été sans péché, qui aurait accompli la justice ou subi le châtiment exigé. Une fois brisée, l'alliance ne concernait plus des innocents, elle ne fut plus jamais renouvelée avec l'homme comme auparavant. C'est pourquoi le fait d'inclure une personne innocente (comme l'était Jésus-Christ) ne pouvait se faire que par sa répétition ou son renouvellement avec d'autres propositions que la première, à savoir que ce n'est pas le coupable qui devait l'accomplir pour lui-même, mais un autre, un garant, qui pourrait l'accomplir à sa place[70].

---

69. Dieu n'a pas placé Israël sous l'ancienne alliance comme une loi de vie (Ga 3.17-21) ; cependant le principe d'une loi de vie était enchâssé dans l'ancienne alliance (Lé 18.5 ; Ga 3.12) ; il était limité à la vie en Canaan. Cependant, il s'agissait d'une typologie de la loi que seul Christ pouvait accomplir en changeant la loi de mort en loi de vie par sa mort et sa vie (Ro 8.2-4). Les bénédictions et les malédictions qu'Israël reçut de l'ancienne alliance étaient terrestres, tandis que celles que Christ reçut étaient célestes. L'ancienne alliance était typologique pour Israël, préfigurant la réalité de Christ. Cependant, ces deux réalités différentes n'étaient pas indépendantes l'une de l'autre, puisque l'ancienne alliance devait conduire Israël à Christ. Il est vrai que Dieu ne donna pas l'ancienne alliance à Israël en vue de la justification par les œuvres (Ro 9.31,32), mais la loi des œuvres réaffirmée dans cette alliance exigeait néanmoins une obéissance parfaite. Devant cette impossibilité, il ne restait plus qu'à espérer dans le Messie promis, ce que firent tous les croyants sous l'ancienne alliance. Pour les autres, cette loi fut une malédiction (Ga 3.13).
70. Samuel Petto, *The Great Mystery of the Covenant of Grace*, p. 131-132. Petto envisageait l'ancienne alliance comme l'alliance des œuvres que Christ aurait à accomplir. Nous croyons plutôt qu'elle était un type de l'alliance des œuvres que Christ accomplirait. En elle-même, l'ancienne alliance était limitée aux

Cette explication de Petto démontre en quoi lui-même et les baptistes considéraient que l'alliance des œuvres était typologiquement réaffirmée dans l'ancienne alliance. L'alliance des œuvres ne prévoyait pas la substitution pour satisfaire sa justice ; personne ne pouvait obéir à la place d'Adam ni subir son châtiment. Dieu a établi une alliance (l'ancienne alliance) qui démontrait comment la malédiction (l'alliance des œuvres) serait résolue par une autre alliance (la nouvelle alliance). Non seulement l'ancienne alliance n'était pas *contre* les promesses de Dieu (Ga 3.21), mais elle fut donnée expressément *pour* l'accomplissement de ces promesses (Ga 3.22-24). Sans être elle-même une alliance de grâce, l'ancienne alliance a été donnée à cause de l'alliance de grâce et en vue de son accomplissement. Est-ce ce que l'apôtre Jean désirait souligner en déclarant : « Et nous avons tous reçu de sa plénitude, et grâce pour grâce ; car la loi a été donnée par Moïse, la grâce et la vérité sont venues par Jésus-Christ » (Jn 1.16,17) ? La loi donnée par Moïse fut une grâce pour conduire à la grâce accomplie par Jésus-Christ.

4. CONCLUSION ET RÉSUMÉ

Résumons brièvement ce chapitre. Les baptistes et les pédobaptistes reconnaissaient mutuellement l'aspect cumulatif de l'ancienne alliance, à savoir qu'elle débuta informellement après la chute jusqu'à ce qu'elle devienne une alliance formelle entre Dieu et les descendants d'Abraham en tant que nation. Cependant, le fédéralisme presbytérien avait une difficulté majeure pour arriver à réconcilier sa notion de l'Ancien Testament comme administration de l'alliance de grâce alors que l'alliance mosaïque avait une forte propension légale, punitive et conditionnelle. Deux solutions furent élaborées par les presbytériens de l'époque : la première fut de présenter l'alliance mosaïque comme une alliance inconditionnelle, en

---

réalités terrestres, « mais Christ est venu comme souverain sacrificateur des biens à venir » (Hé 9.11). L'alliance des œuvres que Christ a accomplie n'est pas l'ancienne alliance, mais plutôt l'alliance éternelle de rédemption conclue entre lui et le Père avant la fondation du monde, préfigurée par l'ancienne alliance et accomplie visiblement dans la nouvelle alliance.

expliquant ses conditions comme étant l'effet, et non la condition des promesses ; la deuxième fut de reconnaître la conditionnalité de l'alliance mosaïque, en l'isolant de l'alliance de grâce abrahamique (ce qui préservait ainsi la notion d'une alliance de grâce mixte incluant la postérité naturelle de ses membres).

Cette deuxième solution représenta un plus grand défi pour les baptistes, puisque l'explication presbytérienne de l'alliance abrahamique justifiait leur paradigme de l'alliance de grâce (substance/administration). Cette solution était d'autant plus persuasive qu'elle semblait, à première vue, entièrement cautionnée par Galates 3.15-18. Ainsi, les baptistes définirent avec soin l'alliance abrahamique, en particulier à partir de Galates 4.22-31, et, à la lumière de ce passage, ils réinterprétèrent Galates 3.15-18.

La compréhension de l'alliance abrahamique constituait un point de rupture entre le fédéralisme baptiste et pédobaptiste. Il est difficile de déterminer si leur compréhension respective de l'alliance abrahamique détermina leur paradigme propre de l'alliance de grâce ou si ce fut l'inverse. Toujours est-il que l'opposition entre leur fédéralisme se manifesta concrètement et fondamentalement autour de l'alliance abrahamique. Cette dernière présente un dualisme entre des promesses de nature terrestre et des promesses de nature céleste. Les pédobaptistes intégrèrent les deux dans une même alliance de grâce mixte, tandis que les baptistes séparèrent strictement ces deux types de promesses. Les baptistes justifièrent cette séparation en s'appuyant sur le fait qu'Abraham avait deux postérités hétérogènes et que chacune d'elle hérita d'une alliance avec des promesses différentes. Sa postérité naturelle reçut un héritage terrestre et fut maintenue sous l'ancienne alliance. Sa postérité spirituelle reçut un héritage céleste par la nouvelle alliance qui, jusqu'à son accomplissement, fut à l'état de promesse (révélée/conclue). Les deux postérités d'Abraham furent cependant entrelacées jusqu'à l'accomplissement de la promesse qui fut temporairement placée sous la garde de la loi (Ga 3.23).

Ce qui nous ramena spécifiquement à l'alliance mosaïque, qui fut présentée au début de ce chapitre comme une progression de l'alliance de la circoncision. Nous avons alors successivement examiné le but et la nature de l'ancienne alliance (telle que pleinement développée dans l'alliance mosaïque) dans l'optique particulière qu'elle n'était pas une alliance de grâce, mais une alliance conditionnelle des œuvres (selon la conception baptiste et de quelques pédobaptistes du XVIIe siècle). Nous avons vu que l'ancienne alliance avait pour but de mener à Christ de trois façons : (1) en préservant à la fois la lignée messianique et l'alliance de grâce ; (2) en pointant typologiquement vers Christ et sa rédemption ; (3) en renfermant tout sous le péché afin qu'il ne subsiste que la foi en Christ pour obtenir l'héritage éternel promis. Ce troisième point souleva la question de la nature de l'ancienne alliance comme alliance conditionnelle. Nous avons alors présenté la compréhension baptiste de l'ancienne alliance comme une réaffirmation de l'alliance des œuvres. Cette réaffirmation était une révélation typologique de l'œuvre de rédemption accomplie par Jésus-Christ selon « l'alliance transaction éternelle entre le Père et le Fils concernant la rédemption des élus » (Confession de 1689, 7.3).

Il ne nous reste plus qu'à examiner la nouvelle alliance pour terminer notre présentation du fédéralisme réformé, pédobaptiste et credobaptiste du XVIIe siècle.

LA NOUVELLE ALLIANCE

4

Notre chapitre sur la nouvelle alliance sera nettement plus bref que les deux précédents, puisque la plupart des différences entre les conceptions presbytérienne et baptiste de la nouvelle alliance ont déjà été abordées au chapitre 2 et sous-entendues au chapitre 3. En effet, l'identité de la nouvelle alliance ne peut être séparée de l'alliance de grâce, qui fut largement examinée dans ces deux chapitres. Nous ne reprendrons donc pas les questions qui ont déjà été traitées dans les comparaisons théologiques du chapitre 2 qui sont, en fin de compte, des comparaisons entre deux conceptions de la nouvelle alliance. Ce chapitre portera principalement sur la notion de nouveauté de la nouvelle alliance. Était-elle nouvelle ? Si oui, en quoi l'était-elle ?

1. LA NOUVEAUTÉ DE LA NOUVELLE ALLIANCE

Il était audacieux d'affirmer qu'une alliance appelée « nouvelle » ne fut pas nouvelle. Une telle affirmation était contre-intuitive et exigeait une démonstration laborieuse. Pourtant, les presbytériens ne croyaient pas que la nouvelle alliance était nouvelle. En effet, leur modèle de l'alliance de grâce les conduisait à voir une identité de substance entre l'ancienne et la nouvelle alliance. Cependant, cette dernière pouvait difficilement être nouvelle tout en ayant la même substance que la première. Comment les pédobaptistes expliquaient-ils que l'Écriture la présente fréquemment comme étant une alliance nouvelle (Jé 31.31,32 ; Lu 22.20 ; 2 Co 3.6 ; Hé 12.24) ? Ils y arrivaient pourtant en recourant à la séparation entre la substance et l'administration de l'alliance de grâce. Ainsi, les pédobaptistes considéraient que la nouvelle alliance était, en fait, simplement une nouvelle administration, et non une alliance substantiellement différente. William Ames écrit :

> 4. Le testament est nouveau par rapport à ce qui existait au temps de Moïse et par rapport à la promesse faite aux pères. Il est nouveau par sa forme, mais non par son essence [...] Puisque c'est seulement dans l'administration qui suit Jésus-Christ que la différence entre la nouvelle et l'ancienne alliance est devenue évidente, cette administration est à juste titre nommée la nouvelle alliance et le Nouveau Testament.
>
> 5. Elle diffère également de la première administration par sa qualité et sa quantité.
>
> 6. Sa différence en qualité réside dans sa clarté et sa liberté[1].

La nouveauté de la nouvelle alliance, selon cette approche théologique, était confinée aux aspects externes de l'alliance et ne touchait pas sa substance interne. C'est exactement ce qu'affirmait le grand théologien réformé François Turretin : « Elle est appelée "nouvelle" non pas dans la substance de l'alliance (qui est la même dans les deux), mais au regard (1) des circonstances et du mode [...] ; (2) de l'excellence et de la gloire de cette dispensation [...] ; (3) de sa durée éternelle[2] ». Un peu plus loin, Turretin prend en considération le texte de Jérémie 31 où sont opposées l'ancienne et la nouvelle alliance ; il explique : « Bien que l'alliance sinaïtique soit opposée à la nouvelle alliance dans Jérémie 31, cela ne veut pas dire que cette

---

1. William Ames, *The Marrow of Theology*, p. 206.
2. *Institutes of Elenctic Theology*, vol. 2, p. 232.

opposition doit aussi l'être en essence, mais elle peut l'être en ses circonstances ou par diversité de l'économie³ ». La lecture que Turretin faisait de ce passage nous semble très incertaine. Michael Horton, un pédobaptiste, rejette cette interprétation :

> Or, Dieu dit fermement dans Jérémie au sujet de cette nouvelle alliance : « Elle ne sera pas comme celle que j'avais conclue avec leurs ancêtres, quand je les ai pris par la main pour les faire sortir d'Égypte. *Celle-là, ils l'ont rompue*, et pourtant c'est moi qui étais leur maître, dit le Seigneur. » Le point ne pourrait pas être plus clair : la nouvelle alliance n'est pas un renouvellement de l'ancienne alliance faite au Sinaï, mais une alliance complètement différente avec un fondement complètement différent⁴.

Non seulement le texte de Jérémie 31 oppose l'ancienne et la nouvelle alliance, mais il précise en quoi il les oppose : contrairement à l'ancienne alliance, la nouvelle ne sera pas violée. Le texte n'oppose donc pas superficiellement les circonstances externes de ces deux alliances comme le voudrait Turretin, mais il oppose leur substance même : l'une était « transgressable » parce qu'elle était conditionnelle, tandis que l'autre sera « intransgressable » parce qu'elle sera inconditionnelle. John Owen, en accord avec la théologie baptiste,

---
3. *Ibid.*, p. 267. Plusieurs pédobaptistes expliquaient l'adjectif « nouvelle » (חָדָשׁ) du verset 31 de Jérémie par l'idée de « renouvellement ». Jérémie annoncerait simplement un renouvellement de l'alliance de grâce déjà établie sous l'ancienne alliance. La plupart des exégètes, incluant Calvin, s'opposent à cette interprétation (voir Jean Calvin, *Commentaries on the Epistle to the Hebrews*, p. 188 ; Alan Conner, *Covenant Children Today*, p. 36 ; Stephen J. Wellum, « Baptism and the Relationship Between the Covenants », *Believer's Baptism, Sign of the New Covenant in Christ*, Nashville, B&H Publishing Group, 2006, p. 141-142).
4. Michael Horton, *God of Promise*, p. 53 (italique ajouté par Horton pour souligner justement en quoi la nouvelle alliance serait différente de l'ancienne). Horton peut affirmer une telle chose tout en étant pédobaptiste, puisqu'il sépare l'alliance abrahamique de l'alliance mosaïque. Ainsi, selon sa théologie, la nouvelle alliance est radicalement différente de l'alliance mosaïque, mais non de l'alliance abrahamique. Nous avons vu au chapitre précédent comment les baptistes répondaient à cette dichotomie et pourquoi ils rejetaient la compréhension presbytérienne de l'alliance abrahamique.

explique que cette inconditionnalité constituait la nouveauté de la nouvelle alliance :

> Une alliance est une entente ou un accord concernant certaines conditions mutuellement stipulées par deux parties ou plus. Des promesses en sont le fondement ou encore l'aboutissement [...] Elle comprend également des préceptes ou des lois qui sont prescrites à l'homme qui doit, de son côté, les respecter. *Pourtant, dans la description de l'alliance ici présentée [la nouvelle alliance], il n'y a aucune mention d'une quelconque condition requise de l'homme ni aucune exigence d'obéissance de sa part. L'ensemble se compose de promesses gratuites, comme nous le verrons dans l'explication de la nouvelle alliance*[5].

L'inconditionnalité constitue l'élément radicalement nouveau et unique de la nouvelle alliance. Pour les credobaptistes, la nouvelle alliance était radicalement nouvelle en raison de son inconditionnalité[6].

1.1. L'inconditionnalité de la nouvelle alliance

Les promesses de l'ancienne alliance étaient précédées d'un « si » qui les conditionnait à l'obéissance de l'homme, alors que les promesses de la nouvelle alliance furent marquées par un monergisme divin :

> [33] Mais voici l'alliance que je ferai avec la maison d'Israël, après ces jours-là, dit l'Éternel : je mettrai ma loi au dedans d'eux, je l'écrirai

---

5. John Owen, *An Exposition of Hebrews 8.6-13*, p. 259 (italique ajouté).
6. Une des raisons pour laquelle les pédobaptistes avaient peine à admettre la nouveauté de la nouvelle alliance venait du fait que sa substance, à savoir le salut par grâce en Jésus-Christ, fut donnée aux croyants depuis la chute. Comment cette alliance pouvait-elle être nouvelle (dans le sens de différente) ? N'était-elle pas plutôt un renouvellement de la grâce accordé depuis fort longtemps ? Nous avons vu au chapitre 2 de quelle manière les baptistes répondaient à cette question en distinguant entre la révélation de la nouvelle alliance (alliance de grâce) comme promesse et son établissement formel comme alliance. Nous avons également vu que cette notion est supportée par l'exégèse d'Hébreux 9.15 (voir section 3.3 du chapitre 2).

dans leur cœur ; et je serai leur Dieu, et ils seront mon peuple. [34] Celui-ci n'enseignera plus son prochain, ni celui-là son frère, en disant : Connaissez l'Éternel ! Car tous me connaîtront, depuis le plus petit jusqu'au plus grand, dit l'Éternel ; car je pardonnerai leur iniquité, et je ne me souviendrai plus de leur péché (Jé 31.33,34).

Les trois éléments qui constituent la substance de la nouvelle alliance sont des œuvres souverainement opérées par Dieu et sont présentés au mode indicatif et non conditionnel. Aucune de ces promesses ne dépend d'une condition qui devrait être préalablement remplie par l'homme. La nature inconditionnelle de cette alliance fait d'elle une alliance radicalement nouvelle. Thomas Patient explique que ce qui rend la nouvelle alliance « intransgressable », contrairement à l'ancienne alliance qui pouvait être transgressée (Ge 17.14), était ce caractère inconditionnel :

> Car, comme je l'ai démontré précédemment, il est impossible que la nouvelle alliance puisse être rompue, car il s'agit d'une alliance absolue, faite sans aucune condition à remplir par la créature. Mais dans cette alliance, « c'est Dieu qui produit en vous le vouloir et le faire, selon son bon plaisir. Ainsi donc, cela ne dépend pas de celui qui veut ni de celui qui court, mais de Dieu qui fait miséricorde[7] ».

Cependant, les baptistes ne concevaient pas l'inconditionnalité de la nouvelle alliance comme venant de l'abolition de l'alliance des œuvres. Au contraire, la nouvelle alliance était inconditionnelle, selon eux, parce que l'alliance des œuvres avait été accomplie. Ainsi, la nouvelle alliance était inconditionnelle pour tous ses membres, mais elle ne le fut pas pour son médiateur : Christ. Benjamin Keach exprime cette compréhension :

> Puisqu'il est question du Christ, ou de son rôle et des œuvres qui y sont rattachées, et puisqu'il s'agissait d'une alliance conditionnelle, le Christ reçoit tout pour nous, grâce à son mérite seul et à ce qu'il a payé.

---

7. Thomas Patient, *The Doctrine of Baptism, And the Distinction of the Covenants*, chapitre 9, argument 6.

Tout ce que nous recevons en vertu de cette alliance, nous l'obtenons gratuitement par grâce et par sa faveur, par ses mérites ou par la rédemption que nous obtenons par son sang. Peu importe la façon dont on le comprend, il est question de grâce[8].

Si les bénédictions de la nouvelle alliance furent garanties par Christ (Hé 7.22), comment pouvait-on concevoir, comme le faisaient les presbytériens, que la nouvelle alliance était tout autant « transgressable » que l'ancienne ? De deux choses l'une : ou bien les presbytériens ne croyaient pas que Christ seul garantissait les promesses de la nouvelle alliance, mais que ses membres avaient quelque chose à voir avec leur accomplissement. Ou bien, ils ne croyaient pas que la médiation de Christ fut absolument efficace pour garantir inconditionnellement les bénédictions de la nouvelle alliance à ses membres, puisqu'ils considéraient qu'on pouvait en déchoir. Dans le premier cas, on sacrifiait l'inconditionnalité, dans le deuxième, l'efficacité. Pour éviter ces deux écueils, les pédobaptistes recouraient à leur division entre la substance et l'administration de l'alliance. Examinons leur raisonnement. Thomas Blake commence par essayer de prouver la « transgressabilité » de la nouvelle alliance :

> Cela ne peut être plus clair que dans ce texte de l'auteur de l'épître aux Hébreux : « Combien pire, ne le pensez-vous pas, sera le châtiment mérité par celui qui aura piétiné le Fils de Dieu, qui aura tenu pour profane le sang de l'alliance par lequel il a été consacré, qui aura outragé l'Esprit de la grâce ! » (Hé 10.29.) Nous voyons pourtant ces gens, qui sont sanctifiés par le sang de l'alliance, piétiner le Fils de Dieu et tenir pour profane son sang, et estimer ces choses comme si elles étaient communes sans jamais se consacrer à Dieu. Ces gens méritent le châtiment

---

8. Benjamin Keach, *The Display of Glorious Grace*, p. 173. De même, John Bunyan présente l'aspect conditionnel de cette alliance dans *The Doctrine of the Law and Grace Unfolded*, p. 524, 534. À l'intérieur d'une section intitulée « The conditions of the New Covenant », et dans une autre intitulée « Christ completely fulfilled the conditions of the New Covenant », il démontre que ce n'est pas le croyant, mais Christ seul qui garantit la réussite de cette alliance et en assure les bénédictions à ses membres.

même s'ils ne peuvent pas être exclus de l'alliance, puisqu'ils sont sanctifiés par le sang de l'alliance[9].

L'objectif de Blake, en s'appuyant sur Hébreux 10.29, était de démontrer que la nouvelle alliance, comme l'ancienne, était « transgressable », puisqu'une alliance de cette nature était nécessaire pour inclure la postérité des croyants. Nous pensons cependant que le fondement de sa preuve repose sur une mauvaise interprétation de ce verset, principalement causée par une mauvaise traduction de ce dernier. Grammaticalement, ce verset peut être traduit tel que Blake le lisait. Cependant, cette traduction est impossible théologiquement. Comment quelqu'un qui a été sanctifié par le sang de Christ (le sang de l'alliance) peut-il périr (voir Hé 10.10,14) ? Une autre traduction est préférable, une qui est grammaticalement et théologiquement vraie. Cette traduction est la suivante : « De quel pire châtiment pensez-vous que sera jugé digne celui qui aura foulé aux pieds le Fils de Dieu, qui aura tenu pour profane le sang de l'alliance, par lequel elle a été sanctifiée, et qui aura outragé l'Esprit de la grâce ? » Le sujet du verbe sanctifié, d'un point de vue grammatical, peut autant être « celui qui aura foulé aux pieds le Fils de Dieu » que « l'alliance ». La troisième personne du singulier du verbe α□γιάζω (sanctifier) n'indique pas le genre ; il peut donc être masculin ou féminin. La question que l'exégète doit se poser est : qu'est-ce qui a été sanctifié par le sang de Christ ? La bonne réponse est : la nouvelle alliance[10] ! (Voir Lu 22.20.) Une alliance que certains, pour leur propre ruine, foulent aux pieds comme si elle était profane.

Blake était cependant conscient que si ce verset, d'après la traduction de la version King James qu'il employait, jouait en faveur de sa théologie (en prouvant qu'il y avait des « inconvertis » dans la nouvelle alliance comme dans l'ancienne), il lui posait aussi un problème sotériologique très sérieux : serait-il possible de perdre le salut ? Le fédéralisme presbytérien se trouvait donc toujours devant

---
9. Thomas Blake, *Vindiciae Foederis*, p. 198.
10. Paul Ellingworth confirme que notre exégèse est grammaticalement valide : « Grammaticalement, le sujet peut être l'alliance », *The Epistle to the Hebrews*, NIGTC, Grand Rapids, Eerdmans, 1993, p. 541.

le même dilemme entre l'inconditionnalité et l'efficacité de la nouvelle alliance. Blake était conscient de cette difficulté, qu'il résolvait de la manière suivante :

> Comment le transgresseur peut-il être sanctifié par le sang de l'alliance ? Réponse : *Il existe une sanctification pour la purification de la chair et une sanctification pour la purification de la conscience des œuvres mortes afin de servir le Dieu vivant (Hé 9.13,14). La sanctification externe pour la purification de la chair consistait en la séparation de l'homme d'avec le monde, et en son engagement au service de Dieu par l'appel et l'alliance commune à tous les membres de l'Église visible. Ainsi, il faut reconnaître un tel homme et le considérer comme saint avec les autres, prenant part lui aussi aux privilèges communs de l'Église. Dieu déclare à un tel homme qu'il fait partie de son peuple ; il le traite comme membre de son peuple visible. En ce sens, tous les membres de la congrégation d'Israël, et chacun d'eux, individuellement, sont appelés saints*[11].

La solution pédobaptiste reposait entièrement sur l'idée que les membres de la nouvelle alliance, comme ceux de l'ancienne, étaient composés à la fois de personnes régénérées et de personnes non régénérées. On justifiait ce caractère mixte de l'alliance de grâce par une séparation entre l'administration visible et la substance invisible de l'alliance en supposant qu'il était possible d'avoir l'une sans l'autre. Ainsi, l'inconditionnalité et l'efficacité de la nouvelle alliance étaient préservées, pensaient-ils, puisque seule la substance de la nouvelle alliance était inconditionnelle et efficace. Mais ceux qui n'avaient qu'un statut dans l'Église visible pouvaient déchoir et ainsi transgresser la nouvelle alliance dans laquelle « ils furent sanctifiés par le sang de Christ ». Nous croyons cependant que cette notion est étrangère à la nouvelle alliance qui, selon les termes bibliques, affirme explicitement le contraire de la théologie pédobaptiste. En effet, l'Écriture déclare qu'aucun membre de la nouvelle alliance ne peut être privé de sa substance, celle-ci n'étant pas moins que la vie

---

11. *Ibid.*, p. 199. L'italique est dans l'original, puisque Blake cite un autre théologien.

éternelle en Jésus-Christ[12]. L'Écriture ne prévoit aucune possibilité d'être visiblement dans la nouvelle alliance sans participer efficacement à sa substance. Les faux croyants n'ont jamais été connus du Seigneur (Mt 7.23), et les branches mortes furent coupées (Jn 15.2 ; Ro 11.17-24). Il en est ainsi « afin qu'il soit manifeste que tous ne sont pas des nôtres » (1 Jn 2.19). Si certains pécheurs peuvent s'introduire furtivement dans l'assemblée des justes sans pouvoir y subsister (Ps 1.5), cela ne prouve pas la mixité de la nouvelle alliance, mais simplement que « les Églises les plus pures ici-bas sont sujettes au mélange et à l'erreur » (La Confession de 1689, 26.3). Ce mélange ne vient pas d'une soi-disant dualité interne/externe dans la nouvelle alliance, et il ne peut servir à justifier la normalité du modèle d'Église nationale de multitude composée de « tous ceux qui, dans le monde entier, professent la vraie religion ainsi que leurs enfants » (Confession de Westminster, 25.2). Cette conception pure qu'avaient les baptistes de la nouvelle alliance n'est aucunement une eschatologie « surréalisée », mais le jugement biblique accompli sur la maisonnée de Dieu afin de la garder pure et composée des vrais fils d'Abraham (Jé 9.25 ; Mt 3.7-12 ; Ga 4.30,31).

1.2. La substance de la nouvelle alliance

Non seulement la nouveauté de la nouvelle alliance consistait en son inconditionnalité, mais également en ce que tous ses membres allaient participer à la substance de l'alliance de grâce : « Celui-ci

---

12. La nouvelle alliance ne peut pas être moins efficace que l'ancienne alliance. Cette dernière offrait toutes ses bénédictions à tous ses membres. Si tous n'étaient pas sauvés, c'était uniquement parce que la vie éternelle ne faisait pas partie des bénédictions qu'elle avait à offrir. De même, la nouvelle alliance offre toutes ses bénédictions à tous ses membres, et ces bénédictions concernent spécifiquement la vie éternelle en Jésus-Christ. Si un membre de la nouvelle alliance n'était pas sauvé, celle-ci serait forcément moins efficace que l'ancienne alliance, puisque, contrairement à l'ancienne, elle ne pourrait pas garantir tout ce qu'elle offre à ceux qui en sont membres. John Owen écrit : « Ceux avec qui l'ancienne alliance avait été faite ont pris part à ses avantages. S'il n'en est pas ainsi avec ceux de la nouvelle alliance, elle arrive loin derrière l'ancienne par son efficacité » (*An Exposition of Hebrews 8.6-13*, p. 303).

n'enseignera plus son prochain, ni celui-là son frère, en disant : Connaissez l'Éternel ! Car tous me connaîtront, depuis le plus petit jusqu'au plus grand, dit l'Éternel » (Jé 31.34). À cet effet, John « le baptiste » Owen écrit : « Là où il n'y a pas un degré de connaissance à salut, on ne peut pas prétendre appartenir à la nouvelle alliance[13]. »

L'Écriture déclare que la substance de la nouvelle alliance se résume en trois bénédictions : la loi inscrite dans le cœur (régénération), la connaissance personnelle et salvifique de Dieu, et le pardon des péchés, qui constitue la base des deux autres bénédictions et de toute la nouvelle alliance (לַעֲוֺנָם אֶסְלַח כִּי ; « parce que je pardonnerai leur péché »). Dieu prend bien soin de dire que cette substance ne sera pas exclusivement l'héritage de certains parmi son peuple, mais de tout son peuple inclusivement : « tous me connaîtront, depuis le plus petit jusqu'au plus grand, dit l'Éternel ». Comment, devant de telles affirmations, pouvait-on insérer une dichotomie dans la nouvelle alliance en déclarant qu'une partie de ses membres seulement hérite de sa substance, tandis qu'une autre partie se contente de bienfaits externes qui ne sont nulle part mentionnés dans l'Écriture ?

Terminons par une citation du théologien Benjamin Keach, dans laquelle il s'émerveille devant l'inconditionnalité et l'efficacité des bienfaits que la nouvelle alliance donne à tous ses membres :

> C'est une alliance parfaite, parce qu'en elle, la plénitude du Médiateur est communiquée à tous ceux qui sont unis à lui. En Christ, nous n'avons pas la plénitude d'une créature, mais celle de Dieu, car il a plu au Père de faire habiter en lui toute plénitude. En lui habite corporellement toute la plénitude de la divinité, et la plénitude de Dieu demeure aussi sûrement dans le Fils que dans le Père. Tous les croyants participent à sa plénitude, de sa plénitude nous recevons grâce sur grâce. Ainsi, dans cette alliance, nous recevons :
>
> 1. non seulement la lumière, mais toute la plénitude de la lumière ;
> 2. non seulement la vie, mais la plénitude de la vie, car le Christ est notre vie, nous qui faisons partie de cette alliance ;

---

13. *Ibid.*, p. 299.

3. non seulement la force, mais la plénitude de la force, car le Seigneur sera toujours la force de notre cœur et notre partage ;

4. non seulement le pardon du péché, mais la plénitude du pardon ou tout le pardon, le pardon complet ;

5. non seulement la justice, mais la plénitude de la justice, une justice complète et parfaite que nous avons pleinement en lui ;

6. non seulement la paix, mais la plénitude de la paix ; la paix qui surpasse tout entendement ;

7. non seulement la beauté, mais la plénitude de la beauté, car elle est parfaite grâce à l'éclat dont le Seigneur Dieu nous a ornés ;

8. non seulement la connaissance, mais la plénitude de la connaissance ;

9. non seulement la joie, mais la plénitude de la joie[14].

---

14. Benjamin Keach, *The Display of Glorious Grace*, p. 197-198.

TABLEAU COMPARATIF

	LES PRESBYTÉRIENS	LES BAPTISTES
L'ALLIANCE ABRAHAMIQUE	L'alliance de grâce faite avec Abraham et sa postérité. Elle contient à la fois des éléments physiques et spirituels, et c'est par elle qu'Abraham fut sauvé.	L'alliance de la circoncision faite avec Abraham promettant le pays de Canaan à sa descendance physique. De plus, en promettant que le Messie viendrait de sa descendance pour bénir toutes les nations, la nouvelle alliance fut révélée, et c'est par elle qu'Abraham et sa descendance spirituelle sont sauvés.
L'ALLIANCE MOSAÏQUE	L'alliance de grâce avant Christ administrée différemment par des ordonnances typologiques.	Une alliance basée sur les œuvres préfigurant l'alliance de grâce, mais distincte et au service de celle-ci.
LE PEUPLE D'ISRAËL	L'Église au stade de son enfance.	La postérité physique d'Abraham dans une alliance terrestre avec Dieu. Le reste élu parmi ce peuple faisait partie de l'Église en vertu de la nouvelle alliance promise.
LA NOUVELLE ALLIANCE	L'administration de l'alliance de grâce sous le Christ.	L'alliance de grâce par laquelle est donné le salut par la grâce seule, par la foi seule et par Christ seul. La substance de la nouvelle alliance est différente de l'ancienne alliance.

	LES PRESBYTÉRIENS	LES BAPTISTES
L'ÉGLISE	L'Église invisible est composée de tous les régénérés, alors que l'Église visible est composée à la fois de régénérés et de non-régénérés comme sous l'ancienne alliance. L'Église visible inclut tous ceux qui professent la vraie religion ainsi que leurs enfants.	La distinction entre l'Église visible et invisible ne constitue pas deux groupes différents, mais deux perspectives différentes : celle de Dieu et celle de l'homme. L'Église visible est composée uniquement de personnes dont la profession de foi permet de croire qu'elles font partie de l'Église invisible (c.-à-d. des personnes qui sont dans la nouvelle alliance).

CONCLUSION

Nous voici parvenus à la fin de notre recherche. Notre objectif initial était de faire ressortir les différences entre la théologie des alliances des pédobaptistes du XVIIe siècle et celle de leurs contemporains baptistes. Nous avons émis l'hypothèse que la théologie des alliances était la distinction la plus fondamentale entre ces deux groupes et qu'on ne pouvait comprendre les différences doctrinales et pratiques entre eux qu'en comprenant leur fédéralisme respectif. Nous croyons en avoir fait la preuve.

Au terme de cette recherche, il nous est difficile d'imaginer comment le fédéralisme presbytérien aurait pu voir le jour sans le contexte ecclésio-politique dans lequel il a été développé aux XVIe et XVIIe siècles. Nous croyons qu'il résulte en grande partie de l'intersection entre une bonne sotériologie et une mauvaise ecclésiologie. Autrement dit, les réformateurs devaient concilier l'Évangile biblique avec un modèle d'Église nationale hérité de la chrétienté du Moyen Âge. La théologie de l'alliance pédobaptiste répondait parfaitement à cette incongruité.

L'intolérance, parfois violente, envers ceux qui rejetèrent le pédobaptême et le pédobaptisme dénota une grande difficulté à remettre en question les assises de la théologie réformée. Quelques anabaptistes, au XVIe siècle, s'attaquèrent au pédobaptême, mais ils furent rapidement neutralisés et exécutés. Leurs successeurs rejetèrent par la suite l'ensemble de la pensée réformée et plusieurs devinrent sectaires. Ce n'est qu'avec l'avènement des séparatistes et des baptistes au XVIIe siècle en Grande-Bretagne que les fondements de la théologie réformée furent à nouveau mis à l'épreuve. Les baptistes, jouissant d'un contexte plus favorable, purent analyser en profondeur le fédéralisme presbytérien et exposer ce qui leur apparaissait en être les failles. Avec beaucoup de rigueur, ils critiquèrent la théologie des alliances des presbytériens sur laquelle reposaient les doctrines de l'Église et du baptême. D'aucune façon, les baptistes ne rejetèrent la théologie réformée ; ils en réformèrent cependant les fondements afin de donner à l'édifice une base plus solide et plus en harmonie avec les doctrines de la grâce de Dieu.

La théologie baptiste se conserva relativement bien jusqu'au XXe siècle, une époque où beaucoup d'Églises baptistes glissèrent dans l'arminianisme et le dispensationalisme, et s'éloignèrent du caractère réformé des confessions baptistes historiques. Les écrits et la pensée des premiers théologiens baptistes furent relégués aux oubliettes. Cependant, depuis quelques décennies, de plus en plus de baptistes redécouvrent leur héritage réformé ainsi que les particularités de la pensée baptiste. C'est ainsi que, de nos jours, la théologie des alliances est revenue au cœur du dialogue entre baptistes et presbytériens. Nous voulions donc contribuer au dialogue actuel en dépoussiérant ces vieilles discussions du XVIIe siècle. Nous espérons avoir aidé à clarifier les compréhensions distinctes des alliances ainsi que les enjeux qui en dépendent.

Soli Deo gloria

BIBLIOGRAPHIE

SOURCES PRIMAIRES

A Confession of Faith, of the Severall Congregations or Churches of Christ in London, which are commonly (though unjustly) called Anabaptists, 2ᵉ impression corrigée et augmentée, Londres, imprimé par Matthew Simmons, 1646.

AMES, William, *The Marrow of Theology*, Grand Rapids, Baker, 1997 (1629), 353 p.

BALL, John, *A Treatise of the Covenant of Grace*, Dingwall, Peter and Rachel Reynolds, 2006 (1645), 350 p.

Baptist Covenant Theology Collection (vol. 17), Bellingham WA, Logos Bible Software, (1642-1770).

BEDDOME, Benjamin, *A Scriptural Exposition of the Baptist Catechism*, Birmingham, Solid Ground Christian Books, 2006 (1776), 209 p.

BLAKE, Thomas, *The Birth Priviledge ; or Covenant Holinesse of Beleevers and their Issue in the Time of the Gospel*, Londres, imprimé par G. M. pour Thomas Underhill, 1643, 33 p.

_____, *Vindiciae Foederis ; or A Treatise of the Covenant of God Entered With Man-Kinde, In the Several Kindes and Degrees of it*, Londres, imprimé pour Abel Roper, 1653, 488 p.

BOLTON, Samuel, *The True Bounds of Christian Freedom*, Carlisle, The Banner of Truth Trust, 1964 (1645), 224 p.

BOSTON, Thomas, *A View of the Covenant of Grace From the Sacred Records*, Glasgow, imprimé par Robert and Thomas Duncan, 1770 (1742), 407 p.

BULKELEY, Peter, *The Gospel Covenant ; or The Covenant of Grace Opened*, Londres, imprimé par M. S. pour Benjamin Allen, 1646, 383 p.

BUNYAN, John, « The Doctrine of the Law and Grace Unfolded », *The Works of John Bunyan*, Carlisle, Banner of Truth Trust, 1991, volume 1, p. 492-575.

BURGESS, Anthony, *Vindicie Legis : or , A Vindication of the Morall Law and the Covenants*, Londres, 1643.

CALVIN, Jean, *Institution de la religion chrétienne*, Aix-en-Provence, Kerygma et Excelsis, 2009, 1515 p.

_____, *Commentaries on the Epistle to the Hebrews*, Grand Rapids, Baker, 1999 (1549), 448 p.

COXE, Nehemiah, « A Discourse of the Covenants that God made with men before the Law », *Covenant Theology : From Adam to Christ*, Palmdale, Reformed Baptist Academic Press, 2005 (1681), p. 25-140.

DICKSON, David, *Truth's Victory Over Error*, Edinburgh, imprimé par John Reid, 1684, 131 p.

FERRIS, Ebenezer, *A Reply to the General Arguments Brought in Favour of Infant Baptism*, New York, Anderson, 1774, 107 p.

GOODWIN, Thomas, « A Discourse of Election », *The Works of Thomas Goodwin*, volume 9, Grand Rapids, Reformation Heritage Books, 2006 (1682), p. 426-498.

GRANTHAM, Thomas, *Truth and Peace or the Last and most Friendly Debate Concerning Infant Baptism*, Londres, imprimé pour l'auteur, 1689, 91 p.

HUTCHINSON, Edward, *A Treatise Concerning the Covenant and Baptism*, Londres, imprimé pour Francis Smith, 1676, 108 p.

_____, *Animadversions Upon a Late Book, Intituled, Infant Baptism From Heaven and not of Men, In Answer to Mr. Henry Danvers his Treatise of Baptism*, 56 p.

_____, *Some Short Questions and Answers for the Younger Sort*, Londres, imprimé pour Francis Smith, 1676.

KEACH, Benjamin, *The Everlasting Covenant*, Londres, imprimé pour H. Barnard, 1693, 44 p.

_____, *The Display of Glorious Grace : Or, The Covenant of Peace Opened. In Fourteen Sermons*, Londres, imprimé par S. Bridge, 1698, 304 p.

KING, Daniel, *A Way to Sion Sought Out, and Found, For Believers to Walke in*, Londres, imprimé par Charles Sumptner, 1649, 136 p.

La Confession de foi baptiste de Londres de 1689, Québec, Association d'Églises réformées baptistes du Québec, 2007, 63 p.

LAWRENCE, Henry, *Of Baptism*, Londres, imprimé par F. Macock, 1659 (1646), 187 p.

OLEVIANUS, Caspar. *A Firm Foundation : An Aid to Interpreting the Heidelberg Catechism*, Grand Rapids, Baker, 1995, 132 p.

OWEN, John, « The Doctrine of Justification by Faith », *The Works of John Owen,* volume 5, Carlisle, The Banner of Truth Trust, 1968 (1677), p. 1-400.

_____, « The Death of Death in the Death of Christ », *The Works of John Owen,* volume 10, Carlisle, The Banner of Truth Trust, 1968 (1647), p. 139-428.

_____, « A Review of the True Nature of Schism », *The Works of John Owen,* volume 13, Carlisle, The Banner of Truth Trust, 1967 (1657), p. 207-275.

_____, « Of Infant Baptism and Dipping », *The Works of John Owen,* volume 16, Carlisle, The Banner of Truth Trust, 1968 (1721), p. 258-268.

_____, « An Exposition of Hebrews 8.6-13 : Wherein, the nature and differences between the Old and New Covenants is discovered », *Covenant Theology : From Adam to Christ*, Palmdale, Reformed Baptist Academic Press, 2005, p. 151-312.

_____, *An Exposition of the Epistle to the Hebrews*, Carlisle, The Banner of Truth Trust, 1991, 7 volumes.

PATIENT, Thomas, *The Doctrine of Baptism, And the Distinction of the Covenants*, Londres, imprimé par Henry Hills, 1654.

PETTO, Samuel, *The Great Mystery of the Covenant of Grace*, Stoke-on-Trent, Tentmaker Publications, 2007 (1820), 251 p.

_____, *Infant Baptism of Christ's Appointment*, Londres, imprimé pour Edward Giles, 1687, 97 p.

_____, *Infant-Baptism Vindicated from the Exceptions of Mr. Thomas Grantham*, Londres, imprimé par T. S. pour Edward Giles, 1691, 18 p.

RENIHAN, James M., éd., *True Confessions : Baptist Documents in the Reformed Family*, Owensboro, Reformed Baptist Academic Press, 2004, 291 p.

RENIHAN, Mike, éd., *A Confession of Faith, 1677*, Auburn, B & R Press, 142 p.

RITOR, Andrew, *A Treatise of the Vanity of Childish-Baptisme*, Londres, 1642, 32 p.

ROLLOCK, Robert, *A Treatise of our Effectual Calling*, Harvard College Library, 1828 (1597), 566 p., également disponible en ligne à : http://books.google.ca/books?id=LugYAAAAYA AJ&lpg=PA29&ots=baBLshms1E&dq=A%20Treatise %20of%20our%20Effectual%20Callin&hl=fr&pg=PP1.

SPILSBURY, John, *A Treatise Concerning the Lawfull Subject of Baptisme*, Londres, imprimé par l'auteur, 1643, 44 p.

The Confession of Faith, of those Churches which are commonly (though falsly) called Anabaptists, Londres, 1644.

TURRETIN, François, *Intitutes of Elenctic Theology*, Phillipsburg, P&R, 1992 (1696), 3 volumes.

USSHER, James, *Body of Divinity, or the Somme and Substance of Christian Religion*, Londres, imprimé par M. F., 1645, 451 p., également disponible en ligne à https://books.google. ca/books?id=_JpVAAAAYAAJ&lpg=PA358&ots=9oI-2KxHUP&dq.

VINCENT, Thomas, *The Shorter Catechism Explained form Scripture*, Carlisle, The Banner of Truth Trust, 1980 (1674), 282 p.

WITSIUS, Herman, *The Economy of the Covenants Between God and Man*, Kingsburg Californie, den Dulk Christian Foundation, 1990 [réimprimé], 2 volumes.

SOURCES SECONDAIRES

Alumni Cantabrigienses, Cambridge University Press, 10 volumes, 1922-1958.

ASSELT, Willem J. van, *The Federal Theology of Johannes Cocceius : (1603-1669)*, Boston, Brill, 2001, 360 p.

BARCELLOS, Richard C., *In Defense of the Decalogue : A Critique of New Covenant Theology*, Enumclaw, WinePress, 2001, 117 p.

_____, « John Owen and New Covenant Theology », *Covenant Theology : From Adam to Christ*, Palmdale, Reformed Baptist Academic Press, 2005, p. 317-354.

_____, *The Family Tree of Reformed Biblical Theology : Geerhardus Vos and John Owen, Their Methods of and Contributions to the Articulation of Redemptive History*, Owensboro, Reformed Baptist Academic Press, 2010, 324 p.

_____, éd., *Recovering A Covenantal Heritage : Essays in Baptist Covenant Theology*, Palmdale, Californie, Reformed Baptist Academic Press, 2014, 527 p.

BLACKBURN, Earl M., éd., *Covenant Theology : A Baptist Distinctive*, Birmingham, Angleterre, Solid Ground Christian Books, 2013, 161 p.

BEEKE, Joel R. et PEDERSON, Randall J., *Meet the Puritans*, Grand Rapids, Reformation Heritage Books, 2006, 896 p.

_____, et JONES, Mark, *A Puritan Theology : Doctrine for Life*, Grand Rapids, Reformation Heritage Books, 2012, 1054 p.

BENEDICT, David, *A General History of the Baptist Denomination in America and Other Parts of the World*, New York, Lewis Colby and Company, 1850, 970 p.

BIERMA, Lyle, D., *The Covenant Theology of Caspar Olevianus*, Grand Rapids, Reformation Heritage Books, 2005, 203 p.

BREMER, Francis J., *Puritanism : A Very Short Introduction*, Oxford, Oxford University Press, 2009, 122 p.

BRIGGS, J. H. Y., « F. A. Cox of Hackney », *Baptist Quarterly*, vol 38, n° 8, 2000, p. 392-411.

BROMILEY, G. W., éd., *Zwingli and Bullinger*, Louisville, WJKP, 1953, 364 p.

BROWN, Michael, *Christ and the Condition : The Covenant Theology of Samuel Petto, (1624-1711)*, Grand Rapids, Reformation Heritage Books, 2012, 139 p.

BRUCE, F. F., *The Epistle to the Hebrews, Revised*, NICNT, Grand Rapids, Eerdmans, 1990, 426 p.

COLLINS, George Norman MacLeod, « Federal Theology », *Evangelical Dictionary of Theology*, 2ᵉ éd., Grand Rapids, Baker, 2001, p. 444-445.

CONNER, Alan, *Covenant Children Today : Physical or Spiritual ?*, Owensboro, Reformed Baptist Academic Press, 2007, 122 p.

Dictionary of National Biography, Londres, Smith, Elder & Co., 1885-1900, 63 volumes.

DUNCAN, Ligon, éd., *The Westminster Confession into the 21st Century*, Ross-shire, Mentor, 2003-2009, 3 volumes.

_____, « Recent Objections to Covenant Theology : A Description, Evaluation and Response », *The Westminster Confession into the 21st Century*, vol. 3, Ross-shire, Mentor, 2009, p. 467-500.

_____, *Covenant Theology ; The Abrahamic Covenant – Covenant Signs, Covenant Sign Implications*, 12 two-hour lectures from the RTS Covenant Theology Course.

ELAM, Andrew M., et al., *Merit and Moses : A Critique of the Klinean Doctrine of Republication*, Wipf & Stock, 2014, 172 p.

ELLINGWORTH, Paul, *The Epistle to the Hebrews*, NIGTC, Grand Rapids, Eerdmans, 1993, 764 p.

ESTELLE, Bryan D., FESKO, J. V., VANDRUNEN, David, éd., *The Law Is Not Of Faith : Essays on Works and Grace in the Mosaic Covenant*, Phillipsburg, P&R, 2009, 358 p.

FAVRE, Olivier, *Le bon fondement*, Trois-Rivières, Éditions Cruciforme, 2015, 295 p.

FERGUSON, Sinclair B., *John Owen on the Christian Life*, Carlisle, The Banner of Truth Trust, 1987, 297 p.

FIDDES, Paul S., *Tracks and Traces, Baptist Identity in Church and Theology*, Eugene, Orégon, Wipf & Stock, 2003, 305 p.

FISHER, James, *Exposition of the Shorter Catechism*, Stoke-on-Trent, Tentmaker Publications, 1998 (1753), 477 p.

FOWLER, Stanley K., *More than a Symbol, The British Bapist Recovery of Baptismal Sacramentalism*, Eugene, Orégon, Wipf & Stock, 2002, 276 p.

GENTRY, Peter J. et WELLUM, Stephen J., *Kingdom Through Covenant : A Biblical-Theological Understanding of the Covenants*, Wheaton, Crossway, 2012, 848 p.

GEORGE, Timothy, « Baptists and the Westminster Confession », *The Westminster Confession into the 21st Century*, vol. 1, Ross-shire, Mentor, 2003, p. 145-159.

GRIBBEN, Crawford, *The early Irish Baptists*, Escondido, The Institute of Reformed Baptist Studies, March 17, 2008, également disponible en ligne à http://www.reformedbaptistinstitute.org/?p=60.

GRIFFITHS, Phillip D. R., *Covenant Theology : A Reformed Baptist Perspective*, Eugene, Oregon, Wipf & Stock, 2016, 204 p.

HALL, David W. et LILLBACK, Peter A., éd., *Theological Guide to Calvin's Institutes*, Philipsburg, P&R, 2008, 506 p.

HAYKIN, Michael A. G., *Rediscovering our English Baptist Heritage, Kiffin, Knollys ans Keach*, Leeds, Reformation Today Trust, 1996, 125 p.

HODGE, A. A., *The Confession of Faith*, Carlisle, The Banner of Truth Trust, 1958, 404 p.

HORTON, Michael, *God of Promise, Introducing Covenant Theology*, Grand Rapids, Baker, 2006, 204 p.

HUGHES, Philip E., *A Commentary on the Epistle to the Hebrews*, Grand Rapids, Eerdmans, 1977, 623 p.

IVIMEY, Joseph, *A History of the English Baptists*, Londres, imprimé par Burditt et Morris, 1811, 572 p.

JEWETT, Paul K., *Infant Baptism & the Covenant of Grace*, Grand Rapids, Eerdmans, 1978, 254 p.

JOHNSON, Jeffrey D., *The Fatal Flaw of the Theology Behind Infant Baptism*, Free Grace Press, 2010, 268 p.

_____, *The Kingdom of God, A Baptist Expression of Covenant & Biblical Theology*, Conway, Arkansas, Free Grace Press, 2014, 266 p.

KARLBERG, Mark W., *Covenant Theology in Reformed Perspective*, Eugene, Orégon, Wipf and Stock Publishers, 2000, 419 p.

KISTEMAKER, Simon J., *Exposition of the Epistle to the Hebrews*, New Testament Commentary, Grand Rapids, Baker, 1984, 464 p.

KINGDON, David, *Children of Abraham*, Sussex, Carey Publications, 1973, 105 p.

MACLEOD, Donald, *A Faith to Live by, Christian Teaching That Makes a Difference*, Ross-shire, Mentor, 1998, 309 p.

MALONE, Fred, *The Baptism of Disciples Alone*, Cape Coral, Founders Press, 2003, 284 p.

_____, *Covenant Theology for Baptists*, Centre d'études réformé baptiste, 2008, notes de cours non publiées.

McBETH, H. Leon, *The Baptist Heritage, Four Centuries of Baptist Witness*, Nashville, Broadman Press, 1987, 850 p.

McKIM, Donald K., *The Westminster Handbook to Reformed Theology*, Louisville, WJKP, 2001, 243 p.

MULLER, Richard A., *Post-Reformation Reformed Dogmatics*, Grand Rapids, Baker, 1993, 4 volumes.

_____, *Dictionary of Latin and Greek Theological Terms*, Grand Rapids, Baker, 1985, 340 p.

MURRAY, John, *Collected Writings,* Carlisle, The Banner of Truth, 1976, 4 volumes.

_____, *The Covenant of Grace*, Phillipsburg, P&R, 1953, 32 p.

NAYLOR, Peter, *Calvinism, Communion and the Baptists, A Study of English Calvinistic Baptists form the Late 1600s to the Early 1800s*, Eugene, Orégon, Wipf & Stock, 2003, 265 p.

NETTLES, Thomas J., « Baptist View : Baptism as a Symbol of Christ's Saving Work », *Understanding Four Views on Baptism*, Grand Rapids, Zondervan, 2007, p. 25-41.

NICHOLS, Greg, *Covenant Theology : A Reformed and Baptistic Perspective on God's Covenants*, Birmingham, Solid Ground Christian Books, 2011, 365 p.

OSTERHAVEN, M. Eugene, « Covenant Theology », *Evangelical Dictionary of Theology*, 2ᵉ éd., Grand Rapids, Baker, 2001, p. 301-303.

Oxford English Dictionary

PACKER, J. I., *Introduction : On Covenant Theology*, également disponible en ligne à http://gospelpedlar.com/articles/Bible/cov_theo.html.

PARKER, T. H. L., éd., *English Reformers*, Louiseville, WJKP, 1966, 360 p.

PRATT Jr., Richard L., « Reformed View : Baptism as a Sacrament of the Covenant », *Understanding Four Views on Baptism*, Grand Rapids, Zondervan, 2007, p. 59-72.

RENIHAN, James M., *Edification and Beauty : The Practical Ecclesiology of the English Particular Baptists, 1675-1705*, Eugene, Orégon, Wipf & Stock, 2009, 232 p.

_____, « An Excellent and Judicious Divine : Nehemiah Coxe », *Covenant Theology : From Adam to Christ*, Palmdale, Reformed Baptist Academic Press, 2005, p. 7-24.

RENIHAN, Samuel, « Dolphins in the Woods : A Critique of Mark Jones and Ted Van Raalte's Presentation of Particular Baptist Covenant Theology », *Journal of the Institute of Reformed Baptist Studies*, 2015, p. 63-89.

RHODES, Jonty, *Covenants Made Simple : Understanding God's Unfolding Promises to His People*, Phillipsburg, New Jersey, P&R Publishing, 2013, 182 p.

RIKER, D. B., *A Catholic Reformed Theologian : Federalism and Baptism in the Thought of Benjamin Keach, 1640-1704*, Eugene, Orégon, Wipf & Stock, 2009, 257 p.

ROBERTSON O. Palmer, *The Christ of the Covenants*, Phillipsburg, P&R, 1980, 308 p.

_____, *The Christ of the Prophets*, Phillipsburg, P&R, 2004, 553 p.

_____, *The Israël of God*, New Jersey, P&R, 2000, 204 p.

ROHR, John Von, *The Covenant of Grace in Puritan Thought*, Atlanta, Scholars Press, 1986, 226 p.

SCHREINER, Thomas R. et WRIGHT Shawn D., éd., *Believer's Baptism, Sign of the New Covenant in Christ*, Nashville, B&H Publishing Group, 2006, 364 p.

SHAFF, Philip, *The Creeds of Christendom*, 6e éd., Grand Rapids, Baker, 1993, 3 volumes.

SHAW, Robert, *An Exposition of the Westminster Confession of Faith*, Ross-shire, Christian Focus, 1998, 398 p.

SMITH, Paul, *The Westminster Confession : Enjoying God Forever*, Chicago, Moody Press, 237 p.

SPROUL, R. C., *Truths We Confess, A Layman's Guide to the Westminster Confession of Faith*, Phillipsburg, P&R, 2006, 3 volumes.

SPURGEON, Charles Haddon, *The Sermons of Rev. C.H. Spurgeon of London*, 9e série, New York, Robert Carter & Brothers, 1883, 510 p.

VERDUIN, Leonard, *The Anatomy of A Hybrid : A Study in Church-State Relationships*, Grand Rapids, Eerdmans, 1976, 274 p.

VOS, Johannes G., *The Westminster Larger Catechism*, Phillipsburg, P&R, 2002, 614 p.

WALDRON, Samuel E., *A Modern Exposition of the 1689 Baptist Confession of Faith*, Webster, Evangelical Press, 1989, 490 p.

_____, *Biblical Baptism, A Reformed Defense of Believers Baptism*, Grand Rapids, Truth For Eternity Ministries, 1998, 80 p.

_____ et BARCELLOS, Richard C., *A Reformed Baptist Manifesto, The New Covenant Constitution of the Church*, Palmdale, Reformed Baptist Academic Press, 2004, 113 p.

WELLUM, Stephen J., « Baptism and the Relationship Between the Covenants », *Believer's Baptism, Sign of the New Covenant in Christ*, Nashville, B&H Publishing Group, 2006, p. 97-161.

WILLIAMSON, G. I., *The Westminster Confession of Faith for Study Classes*, 2ᵉ éd., Phillipsburg, P&R, 2004 (1964), 409 p.

_____, *The Heidelberg Catechism, A Study Guide*, Phillipsburg, P&R, 1993, 241 p.

WILLIAMSON, J. R., *From the Garden of Eden to the Glory of Heaven*, Amityville, Calvary Press, 2008, 240 p.

WRIGHT, Shawn D., « Baptism and the Logic of Reformed Paedobaptists », *Believers's Baptism, Sign of the New Covenant in Christ*, Nashville, B&H Publishing Group, 2006, p. 207-255.

ZEPP, Renfred Errol, *Covenant Theology From the Perspective of Two Puritans*, Charlotte, Reformed Theological Seminary, 2009, 81 p.

« **Impact Académia** » est une marque déposée de « **Publications Chrétiennes inc.** », une maison d'édition québécoise fondée en 1958. Sa mission est d'éditer ou de diffuser la Bible ainsi que des livres et des brochures qui en exposent l'enseignement, qui en démontrent l'actualité et la pertinence et qui encouragent la croissance spirituelle en Jésus-Christ.

Pour notre catalogue complet :
www.publicationschretiennes.com

Publications Chrétiennes inc.
230, rue Lupien, Trois-Rivières (Québec) G8T 6W4
Tél. (sans frais) : 1 866 378-4023, Téléc. : 819 378-4061
commandes@pubchret.org

www.ingramcontent.com/pod-product-compliance
Lightning Source LLC
Chambersburg PA
CBHW071709090426
42738CB00009B/1721